U0648550

藏在成语里的中国史

韩明辉 著

1

湖南文艺出版社
HUNAN LITERATURE AND ART PUBLISHING HOUSE

小博集

© 中南博集天卷文化传媒有限公司。本书版权受法律保护。未经权利人许可，任何人不得以任何方式使用本书包括正文、插图、封面、版式等任何部分内容，违者将受到法律制裁。

图书在版编目（CIP）数据

藏在成语里的中国史 . 1 / 韩明辉著 . -- 长沙：湖南文艺出版社，2022.8
 ISBN 978-7-5726-0731-8

Ⅰ.①藏… Ⅱ.①韩… Ⅲ.①汉语－成语－儿童读物②中国历史－儿童读物 Ⅳ.① H136.31-49 ② K209

中国版本图书馆 CIP 数据核字（2022）第 106412 号

上架建议：畅销·传统文化

CANG ZAI CHENGYU LI DE ZHONGGUOSHI. 1
藏在成语里的中国史 . 1

著　　者：韩明辉
出 版 人：曾赛丰
责任编辑：刘雪琳
策划编辑：蔡文婷
特约编辑：王佳怡　安玉茹
营销支持：付　佳　付聪颖　周　然　杨　朔
装帧设计：利　锐
内文插图：东麒阁
出　　版：湖南文艺出版社
　　　　　（长沙市雨花区东二环一段 508 号 邮编：410014）
网　　址：www.hnwy.net
印　　刷：北京中科印刷有限公司
经　　销：新华书店
开　　本：700mm×980mm　1/16
字　　数：89 千字
印　　张：9
版　　次：2022 年 8 月第 1 版
印　　次：2022 年 8 月第 1 次印刷
书　　号：ISBN 978-7-5726-0731-8
定　　价：35.00 元

若有质量问题，请致电质量监督电话：010-59096394
团购电话：010-59320018

目录

尧天舜日

人人都想要的太平盛世

南宋　朱熹

尧天舜日，出现在我的《辛丑延和奏札一》："使一日之间，云消雾散，尧天舜日，廓（kuò）然清明。"

"尧天舜日"中的尧和舜，是传说中上古时期的部落联盟首领。据说在他们的统治下，政治清明，天下太平，所以古人都渴望拥有像尧、舜一样的君主，生活在如同尧、舜统治下的太平盛世。

释　义	比喻太平盛世。
近义词	国泰民安、安居乐业、太平盛世
反义词	兵荒马乱、国破家亡、民不聊生
例　句	早在做颍（yǐng）王的时候，赵顼（xū）就立下大志，将来继承大统一定要做一位尧天舜日的好皇帝。（许葆云《苏东坡传》）

四五千年前，中国这片土地上到处都是部落，相传蚩（chī）尤、炎帝和黄帝领导的部落最为强大。

然而，蚩尤是个残暴的大坏蛋，炎帝喜欢征战其他部落，只有黄帝待人最友善，所以深受各部落民众的喜爱。

为了不让炎帝、蚩尤继续祸害大家，黄帝亲自率领军队在阪（bǎn）泉打败炎帝，在涿（zhuō）鹿斩杀蚩尤。

一时间，黄帝的势力和威望都达到了顶点。各部落民众纷纷推举他为部落联盟首领。

像黄帝这么受人爱戴的首领比大熊猫还稀有，但谁能想到他的玄孙，也就是他孙子的孙子——尧竟然是一位能跟他相媲美的部落联盟首领。

在尧的领导下，老百姓学会了开垦农田，根据季节种植农作物，所以家家户户都衣食无忧，小日子过得红红火火。而他却每天居住在破草屋里，穿的是粗布麻衣，吃的是粗茶淡饭。

如果部落之间发生摩擦，尧还会第一时间站出来，让双方化干戈为玉帛，所以天下才会太平，没有战争。

晚年，尧想找一个德才兼备的接班人。如果按照父死子继的古老传统，尧应当在众多儿子中挑选一位做接班人。于是，有人便向尧推荐他的儿子丹朱："丹朱挺不错,他可以继承你的事业！"

没想到尧的头却摇得跟拨浪鼓似的："丹朱顽劣,难以胜任！"

后来，众人向尧推荐了一个生活在民间的单身汉，名叫舜，他是当时出了名的大孝子。

　　舜的妈妈死得早，盲人爸爸又给他找了个后妈，并且生下一个儿子，名叫象，除了舜，他们一大家子没有一个好人。爸爸是个冥顽不灵的人，后妈是个坏女人，弟弟是个小恶魔，他们对待舜就像对待奴仆一样非打即骂，甚至还曾试图谋杀舜。尽管如此，舜依然孝敬爸爸、后妈，友爱兄弟。

　　为了考验舜有没有能力做接班人，尧将自己的两个宝贝女儿嫁给了舜。

尧惊奇地发现，舜在历山耕种，那里的人从不争抢地界；舜在雷泽捕鱼，那里的人总是谦让住所；舜在河滨制作陶器，那里的陶器个个精美。

此外，尧还发现人们特别喜欢跟舜做邻居，舜住哪里他们就蜂拥而至搬到哪里住。所以，舜居住的地方一年就会变成村庄，两年就会变成城镇，三年就会变成一座大城市。

很快，舜顺利地通过了尧的重重考验，尧便将部落联盟首领的位置传给了舜。从此，尧开启了传贤不传子的禅让制的先河。

舜做了首领后，立刻选贤任能，制定刑法，惩办恶人，使得老百姓丰衣足食，部落之间友好相处，延续了尧统治时期的太平盛世。

值得一提的是，舜在临终前也效仿尧将部落联盟首领的位子禅让给了跟他没有血缘关系的禹。

作者说
超有料

你有没有发现一个非常有趣的现象，古人一提到明君圣主几乎都会提及尧、舜？比如，"亚圣"孟子经常称赞尧、舜，"诗圣"杜甫也时常提出要帮助皇帝干出超越尧、舜的辉煌成绩。这是因为尧、舜既贤明，又无私。他们不但为老百姓创造了太平盛世，而且无私地将首领之位传给跟自己没有血缘关系的人，所以他们渐渐成了明君圣主的代言人。一提到明君圣主，大家就会不自觉地想到尧、舜。

láo shēn jiāo sī

劳身焦思

一场洪水引发的血案

西汉 司马迁

劳身焦思，出现在我的《史记·夏本纪》："禹（yǔ）伤先人父鲧（gǔn）功之不成受诛，乃劳身焦思，居外十三年，过家门不敢入。"

相信大家都听说过"大禹治水"的故事，而"劳身焦思"这个成语故事的主人公就是大禹。他的爸爸因治水无功被杀，却也坚定了他治水的决心。

释　义	忧心苦思，身心俱疲。
近义词	忧心忡忡、忧心如焚、心事重重
反义词	无忧无虑、高枕无忧、逍遥自在
例　句	到了舜为帝时，改用鲧的儿子禹来治理，禹吸取了父亲失败的教训，改堵的方法为疏导、疏通之术，在外奔波 13 年，三过家门而不入，劳身焦思，终于使洪水的治理取得了前所未有的成功。（岳南《中国考古探秘纪实丛书》）

在尧执政期间，经常发洪水。洪水奔腾着、咆哮着，如同受惊的野兽**势不可当**，所过之处，房屋倒塌，牛羊被卷走，来不及逃跑的老百姓也纷纷被吞没。

为了治理水患，**心急如焚**的尧便召集大臣，让他们推荐治水的最佳人选。大臣们一致推荐鲧。事实上，尧非常不看好鲧，但经不住大臣们**苦口婆心**地劝说，只好派鲧前去治水。

鲧是如何治水的呢？他见哪里有洪水就在哪里修建堤坝，拦截洪水。虽然耗费了很多人力物力，建造了一座座堤坝，洪水却越涨越高。

鲧前前后后一共花了九年时间，却**一事无成**。

舜即位后，在巡视四方的途中见鲧没有做出任何成绩，很生气，便在羽山斩杀了鲧。

洪水依旧泛滥，仍需要找人治理，可是放眼天下，谁能担起这个重任呢？你恐怕不会想到，舜竟然派鲧的儿子禹继续治水。

　　禹会不会步他爸爸的后尘呢？当然不会！他总结了爸爸失败的教训，采取疏通的方式，将洪水引入大海。

　　其间，他每天亲自上阵勘测地形，挖掘沟渠，住简陋的房屋，吃穿用度一点也不讲究，全身心投入治水这件事上。

　　然而，一想到爸爸因为治水无功被杀，他就十分难过，因此不顾身心俱疲，在外奔走十三年。其间，他曾三次经过家门，却没有进去看看自己的老婆和孩子。

　　俗话说，功夫不负有心人。经过十三年的努力，禹终于平息了水患。人们为了感谢他，便尊称他为"大禹"，意思是"伟大的禹"。

　　禹的能力和功劳大家有目共睹，所以舜在临终前将首领的位置禅让给了他。

　　禹即位后，结束了部落联盟的局面，建立中国历史上第一个王朝——夏朝。所以，禹又被称为"夏禹"。

　　禹在临终前将王位禅让给了大臣伯益。可惜伯益辅佐禹的时间不长，诸侯都不拥戴他，反而拥戴禹的儿子夏启。很快，夏启便继承了王位。

跟尧、舜、禹相比，夏启不想在死后将王位禅让给外人，所以下令施行世袭制，将王位传给自己的子孙。谁不服气，他还发兵打谁，直到将那些反对者收拾得服服帖帖为止。

从此，世袭制取代了禅让制。

作者说 超有料

禅让制和世袭制的区别是什么，你知道吗？禅让制从来不看血缘关系，谁德才兼备，谁就来做国君。国家在明君圣主的统治下当然更容易繁荣昌盛了。但世袭制就没有那么好了，只有国君的子孙才有资格做国君。如果国君的子孙残暴或者昏庸，国家就会毁在他们手中，最后遭殃的还是老百姓。

民惟邦本
mín wéi bāng běn

得民心者得天下

民惟邦本，出现在我编选的《尚书·五子之歌》[1]："皇祖有训，民可近，不可下。民惟邦本，本固邦宁。"

"民惟邦本"这个成语，跟夏启的儿子太康有关。当初，夏启为了将王位传给自己的子孙，可谓煞费苦心，但他绝对不会想到王位刚传到他儿子太康这一代就被人夺去了，还害得他另外五个儿子在洛水旁边悲伤地作诗歌咏叹起来。

春秋 孔子

释　义	百姓是国家的根本。
近义词	载舟覆舟、保国安民
反义词	横征暴敛、官逼民反
例　句	无论如何，民为（同"惟"）邦本。民不思乱，则祸源自消，国家可定。（刘斯奋《白门柳》）

[1]《尚书》是儒家经典之一，相传由儒家创始人孔子编选而成。

夏启死后，儿子太康继承了王位。

很可惜，太康是一位让人失望透顶的国君。他特别贪玩，每天只知道骑马打猎，吃喝玩乐，从不理朝政。

有一天，太康到洛水以南去打猎，玩了上百天还感觉不够尽兴，一直不肯回去。

有穷氏首领后羿（yì）知道老百姓都十分厌恶太康，便趁机率领大军拦住了太康回国的道路，夺取了太康的王位，史称"太康失国"。

太康的五个弟弟虽然对太康极其失望，却也一直守在洛水北岸等待他回国。

其间，他们创作了《五子之歌》。其中，有几句是这么说的："伟大的祖先曾有明训，百姓可以亲近，却不可以看轻。百姓是国家的根本，只有根本牢固，国家才会安宁。"

他们苦苦地等待，有没有等到太康呢？并没有。

太康一直到老死都未能回国。

难道夏朝就这么灭亡了吗？当然不是。

做了国君的后羿跟太康一样贪玩，整天沉迷于打猎，国家大事一概不管。他的大臣寒浞（zhuó）便趁机抢了他的王位。

寒浞做了国君之后，担心夏朝复辟，便大肆屠杀夏启的子孙。

当时，太康的侄孙少康还在妈妈的肚子里，妈妈从墙洞里钻出去，逃回娘家，才躲过一劫。

但事情还远远没有结束，少康长大后，寒浞又派人来杀他。好在少康聪明，成功躲过了追杀。

后来，少康娶了有虞氏国君的两个女儿，得到十里①封地，五百口人。就是凭借这十里封地和五百口人，少康一步步除掉了寒浞，夏朝这才得以复国。

①市制中的长度单位。1 里 =500 米。

作者说
超有料

你听说过"后羿射日"的传说吗？相传，以前天上有十个太阳，烤得老百姓没法正常生活，神箭手后羿便用箭射下来九个。那么，射日的后羿跟有穷氏首领后羿有没有关系呢？有人认为，两人是同一个人，有穷氏首领后羿是射日的后羿的原型；也有人认为，两人并非同一个人。有可能是因为有穷氏首领后羿因为仰慕射日的后羿，便取名为"羿"。当时，国君称"后"，所以抢了太康国君之位的他被称为"后羿"。也有可能"羿"是上古时期人们对射箭手的通称，而有穷氏首领后羿是以"羿"为名。

wǎng kāi yí miàn

网开一面

一位连动物都爱护的国君

战国 吕不韦

网开一面，出现在我与门客编写的《吕氏春秋·异用》："汤见祝网者置四面，其祝曰：'从天坠者，从地出者，从四方来者，皆离吾网。'汤曰：'嘻！尽之矣。非桀其孰为此也？'汤收其三面，置其一面……"

网开一面，说的是商朝开国国君商汤爱护动物的故事。后人将商汤视作与尧、舜、禹相媲美的圣王，他不但爱护百姓，还爱护动物。

释 义	比喻为政宽厚仁爱，普施恩泽。也比喻政策宽大，给以出路。
近义词	宽大为怀、宽宏大量
反义词	小肚鸡肠、斤斤计较、锱铢必较
例 句	她明天要去找他，即便不是要他答应放弃作为司法官员的责任，至少也要让他答应网开一面，放罪犯一条生路。（大仲马《基督山伯爵》）

夏朝建立四百多年后，出现了一个臭名昭著的暴君，他就是夏桀（jié）。

事实上，早在夏桀即位之前，由于前几任国君不理朝政，只知道打猎、玩乐，致使民不聊生，所以很多诸侯纷纷背叛了夏朝。

如果夏桀是一位明君，夏朝倒不至于那么快灭亡，但他偏偏比夏朝的其他国君都残暴。不管是自己的大臣，还是其他诸侯，他说抓谁就抓谁，说杀谁就杀谁。

知道老百姓有多憎恨他吗？他们经常说："这个暴君什么时候死啊？我们情愿跟他同归于尽！"

就在夏桀大失人心的时候，有个人却受到万民敬仰，他就是商部落的首领——汤（后人称商汤）。

在民众看来，商汤是一位非常仁爱的首领。他仁爱到哪种地步呢？他连动物都爱护有加。

据说，有一次商汤在郊外看到一个猎人在打猎。猎人在猎场周围设了四面网，并祈祷说："从天上坠落的，从地上生出的，从四面八方钻进来的，全都落入我的网中吧！"

商汤看不下去了，立刻跑过去对猎人说："要是那样，动物就会被你杀光了！"

随后，商汤撤掉三面网，只留下一面，并重新教猎人祈祷说："想往左跑的就往左跑，想往右跑的就往右跑，想往上飞的就往上飞，想往低处跑的就往低处跑，我只捕捉那些违背天命的动物！"

商汤网开一面的善举很快传遍了大江南北，人人都称赞他的美德。有四十个诸侯还因此归附了他。

俗话说，人怕出名猪怕壮。商汤美名远播，又受人爱戴，威

望俨然超过了夏桀。夏桀很生气，二话不说将商汤关进了夏朝最有名的监狱——夏台。

要不是商汤的大臣给夏桀送了无数美女、珍宝，商汤恐怕要死在监狱里。

逃出生天后，商汤决定推翻夏朝，结束夏桀的暴政。于是，他联合其他诸侯讨伐夏桀。

夏军不堪一击，全军覆没，而夏桀也惨死在逃亡途中。

临终前，夏桀咬牙切齿地对身边人说："我真后悔当初没有在夏台杀死商汤，才沦落到今天这个地步！"

不久，商汤称王，建立商朝，并定都亳（bó）。

多年后，商朝将国都迁到殷（yīn）并且长期定都于此，因此商朝又被称为"殷"或"殷商"。

作者说 超有料

你知道商朝的始祖是谁吗？他叫契（xiè）。

关于契，有一个非常神奇的传说。契的妈妈名叫简狄，据说简狄去河边洗澡时，遇见一只玄鸟像小型轰炸机一样从头顶飞过，并扔下一枚"炮弹"。当她捡起"炮弹"时，却发现是一颗鸟蛋。

当时，简狄有点饿，就把鸟蛋给吃了，没想到却因此怀孕并生下契。据说，是天帝故意派玄鸟这么干的，所以就有了"天命玄鸟，降而生商"的传说。

契长大后因为辅佐大禹治水有功被封在商地。随着他的子孙不断地努力，商逐渐强大起来，最终灭掉了夏朝。

jiǔ　chí　ròu　lín

酒池肉林

一场穷奢极欲的狂欢

酒池肉林，出现在我的《史记·殷本纪》："大冣（jù）乐戏于沙丘，以酒为池，县肉为林，使男女倮（luǒ）相逐其间，为长夜之饮。"

酒池肉林，讲的是商纣（zhòu）王生活穷奢极欲的故事。也恰恰是这种糜烂的生活以及商纣王的残暴统治，让老百姓不再拥护商朝，让四方诸侯纷纷反叛商朝。

西汉　司马迁

释　义	本指商纣王生活荒淫无耻。后用来形容饮食极为丰盛或生活豪华奢侈。
近义词	灯红酒绿、醉生梦死、荒淫无度
反义词	艰苦朴素、节衣缩食、克勤克俭
例　句	尽管沉浸在酒池肉林之中，安东尼依然是一名武将，因此集结军队这样的事，他没有让克娄巴特拉插手。（盐野七生《罗马人的故事（15册全）》）

商朝末年，出现一位文武双全的国君，他就是商纣王。

商纣王究竟有多厉害呢？他天资聪颖，脑袋瓜特别灵。他能说会道，讲起话来停不下来。如果给他和大臣们举行一场辩论赛，他分分钟能把大臣们辩得哑口无言。此外，他还十分勇猛，一口气能撂（liào）倒九头牛，在不拿任何武器的情况下，敢与狮子、老虎、狗熊一类的猛兽搏斗。

这些优点完全能帮助商纣王成为一代明君，但谁都没有想到，商纣王硬生生地将这些优点变成了缺点，最终成了一位暴君。

事情为什么会这样呢？原来，商纣王没有把自己的优点用在正道上。他将聪明才智用来拒绝大臣们的劝谏，将好口才用来掩盖自己的错误，而他勇猛的性格让他变成一个穷兵黩武的人。

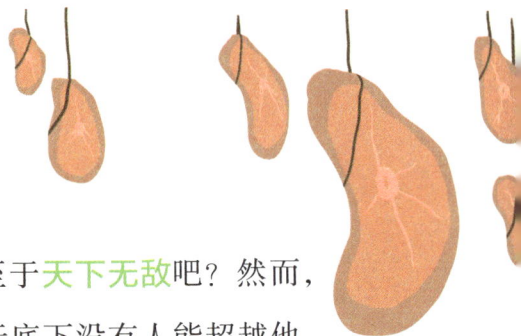

　　商纣王虽然厉害，但是也不至于天下无敌吧？然而，他是一个狂妄自大的人，自认为天底下没有人能超越他，所以经常在别人面前夸耀自己。

　　人一旦骄傲自大，就会目空一切，为所欲为。商纣王更是如此。

　　他喜欢名犬骏马，便派人满世界搜寻；他喜欢飞禽走兽，便派人去野外捕捉；他喜欢饮酒作乐，便派人用酒倒满池子，将烤好的肉悬挂起来，如同树林一般，然后与妃子妲己等人没日没夜地在里面吃喝玩乐。

谁会喜欢这样的暴君呢？所以，老百姓个个对商纣王恨之入骨，诸侯们也都纷纷背叛了他。

商纣王是个暴脾气，哪里容得下那些背叛他的人？

为了给那些人一些颜色看看，商纣王脑筋一转，发明了一种极其残忍的酷刑，名叫"炮烙"，让犯人在烧热的铜柱上行走，然后在下面铺满炭火，一旦犯人失足跌下，就会被活活烧死。

商纣王原以为用酷刑能震慑天下人，让大家对他俯首帖耳，却没想到对他不满的人反而越来越多。

超有料 作者说

很多人将妲己视作红颜祸水，将商朝灭亡归咎于商纣王受到妲己的迷惑。事实上，妲己对商纣王的影响微乎其微，更不可能导致一个国家的灭亡。那么，人们为什么还会将妲己视作红颜祸水呢？因为在男权时代，男性往往会为男同胞所犯的错找一个替罪羊，而女性，尤其是漂亮的女性，更容易成为替罪羊。

yí qiào bù tōng

一窍不通

挖个心脏看看是不是真有七个孔

一窍不通，出现在我和门客编写的《吕氏春秋·过理》："杀比干而视其心，不适也。孔子闻之曰：'其窍通，则比干不死矣。'"

一窍不通，讲的是孔子对商纣王杀比干一事愤愤不平的故事。孔子说："可惜商纣王心窍不通啊，但凡通一窍，也不至于会杀害比干！"

战国　吕不韦

释　义	孔子说纣王杀比干，是因为他心窍不通。后比喻什么都不懂。
近义词	一无所知、闭目塞听
反义词	无所不通、触类旁通
例　句	或许，他对于其他人的画作，无论是外国画家的作品还是日本画家的作品，根本就一窍不通，甚至对于他自己所画的东西也道不出所以然，仅仅为了牟取吃喝玩乐所需要的钱，才不知疲倦地在画布上涂个不停吧。

（太宰治《人间失格》）

有一年，一个部落的首领九侯，将自己漂亮的女儿献给了商纣王。女儿能做王妃本来是一件喜事，但九侯没有想到他的这个举动却害死了他们父女。

原来，九侯的女儿不喜欢商纣王荒淫无度，商纣王一气之下把她给杀了，还残忍地杀害了九侯。

鄂（è）侯认为商纣王做得十分过分，便找商纣王理论，商纣王二话不说把鄂侯也杀了。

当九侯和鄂侯双双被杀的消息传到周的首领西伯侯的耳中时，西伯侯惋惜地叹了口气。岂料他的一声叹息差点害死自己。

商纣王听说西伯侯为九侯和鄂侯之死感到惋惜，立刻派人将西伯侯抓了起来。

周部落的人为了救出西伯侯，搜罗了很多奇珍异宝献给商纣

王，比如有莘氏的美女，骊戎的骏马，以及有熊的三十六匹好马。

商纣王看到周部落的人献上的宝贝，高兴坏了，说："这些东西随便献上一件都足以让我释放西伯侯了，更何况是这么多呢！"随后，商纣王便命人释放了西伯侯。

西伯侯一出狱就干了一件人人叫好的事。他请求商纣王废掉炮烙之刑，并愿意献上周部落在洛水以西的土地。

对商纣王而言，这是一笔稳赚不赔的买卖，所以他很爽快地答应了。

西伯侯仁爱，商纣王残暴，所以四方诸侯纷纷背叛商纣王，归附西伯侯。

商纣王的叔叔比干见周部落一天天壮大，而商纣王却整天还在逍遥快活，于是去劝谏商纣王，但商纣王依然我行我素。

比干没办法，只好冒死劝谏，结果惹恼了商纣王。商纣王恶狠狠地对比干说："我听说圣人的心有七个孔。今天，我就把你的心掏出来看看是不是也有七个孔！"随后，商纣王命人剖开比干的胸膛，挖出他的心脏。没有心脏，人哪里还能活？比干就这么被残忍地杀害了。

作者说 超有料

商纣王对自己的亲叔叔都特别残忍。就在比干被杀不久，商纣王的另一个叔叔——箕（jī）子因为曾经劝谏过商纣王，害怕被商纣王杀害，便装疯做了奴隶。即便如此，商纣王依然没有放过他，派人将他抓进了监狱。这也是商纣王会众叛亲离的原因。

è guàn mǎn yíng

恶贯满盈

一个暴君的自我毁灭

恶贯满盈，出现在我编选的《尚书·泰誓上》："商罪贯盈，天命诛之。"

恶贯满盈这个，说的商纣王曾犯下很多不可饶恕的罪行。也恰恰是这些罪行让诸侯们纷纷背叛商朝，这才给了周武王灭商的机会。

春秋 孔子

释 义	作恶极多，好像穿钱的绳子已经穿满了一样。形容作恶极多，已达极点。
近义词	罪恶滔天、罪大恶极、罄竹难书
反义词	功德无量、乐善好施、丰功伟绩
例 句	"他已恶贯满盈，"安娜·帕夫洛夫娜接着说，"我希望这是他的最后一桩罪恶。各国元首再也不能容忍这个混世魔王了。"（列夫·托尔斯泰《战争与和平（全集）》）

　　就在商纣王不断地残害大臣、压榨老百姓的时候，西伯侯却广施恩泽，凝聚人心，为的是有一天能够推翻商朝，结束商纣王的残暴统治。

　　为了能早日灭掉商纣王，西伯侯还专门请来一位计策特别多的高人来辅佐自己，他就是姜子牙。

　　在姜子牙的谋划下，西伯侯一步步消灭了很多不得人心的诸侯，并占据三分之二的天下，史称周文王。

　　周文王去世后，儿子周武王不但继承了他的王位，还继承了他推翻商朝的远大理想。

　　为了试探诸侯们是否支持自己推翻商朝，周武王便以阅兵的名义来到孟津。当时，不约而同地来到孟津的竟有八百名诸侯，个个举双手赞同周武王灭商。

　　然而，周武王却认为此时还不是灭商的大好时机，于是撤军

而回。

话说，有八百名诸侯支持周武王，周武王为何还不敢灭商呢？原因只有一个，那就是周武王与八百名诸侯的兵力加到一起还不足以灭掉商纣王。

于是有人推测，至少还有八百名诸侯是支持商纣王的。这也意味着在当时很可能至少有一千六百名诸侯。

有没有这种可能呢？有！据《战国策》记载，商朝刚建立时曾有三千名诸侯。到商纣王时，有一千六百名诸侯也就不足为奇。

等到商纣王杀害叔叔比干、囚禁叔叔箕（jī）子时，周武王认为商纣王已经众叛亲离，这才下定决心征讨商纣王。

当周武王再次来到孟津时，无数诸侯纷纷前来与他商讨灭商大计。

其间，周武王向众人公布了商纣王的累累罪行，还说："商王的罪行太多了，像穿钱的绳子已经穿满了一样，所以上天命我讨伐他。"

商纣王听说周武王带兵讨伐自己，气呼呼地亲率七十万大军要灭了周武王。

双方在牧野打了一仗，结果商军纷纷倒戈，商纣王被打得落花流水，最后灰溜溜地逃回都城，自焚而死。

然而可笑的是，自焚前，商纣王还不忘把自己搜刮来的金银珠宝穿戴在身上。

商纣王死后，商朝彻底灭亡。周武王随后建立了周朝，史称西周。

作者说
超有料

你听说过"姜太公钓鱼，愿者上钩"的故事吗？姜太公就是姜子牙。据说，他钓鱼的方式很特别。他钓鱼不用鱼饵也就算了，用的还是直钩，并且鱼钩离水面有三尺①高。有人嘲笑他说："你这样钓鱼，别说三年，就是三百年也钓不到！"姜子牙却嘿嘿一笑："我的鱼钩不是用来钓鱼的，而是用来钓王侯的！"果然，没过多久，他的"大鱼"西伯侯就上钩了，并亲自到河边将他请到周部落，让他辅佐自己。

①市制中的长度单位。1尺＝（1/3）米。

duō cái duō yì

多才多艺

为了兄弟，甘愿以命换命

春秋 孔子

多才多艺，出现在我编选的《尚书·金縢（téng）》："予仁若考，能多材多艺，能事鬼神。"

多才多艺，说的是周公为了让周武王好好活着，甘愿以命换命的故事。这件事足以看出周公是一个非常友爱兄弟的人。

释 义	具有多方面的才能和技艺。
近义词	能歌善舞、才华横溢
反义词	一无所长、不学无术
例 句	我真想再见见她！我从没碰到过这么讨我喜欢的人。模样那么俊俏，举止那么优雅，小小年纪就那么多才多艺！她的钢琴弹得棒极了。（简·奥斯汀《傲慢与偏见》）

西周初年，周武王碰到一个难题：当时交通不发达，天下又那么大，他一个人管不过来。

怎么办呢？周武王灵机一动，想到一个好主意：实行分封制。

什么是分封制呢？其实，就像分蛋糕一样将全国的土地分成很多块，然后交给国君的儿子、兄弟等宗室子弟和功臣，让他们建立属于自己的诸侯国。在诸侯国内，诸侯是一国之君，管理国内的各项事务。诸侯还可以将国君之位传给自己的子孙。

宗室子弟拥有自己的国家和军队，就能世代保护周王室不被外人夺去天下了。

当然了，周武王在分封自家人的同时，也没有忘记分封当初帮助他打天下的那些功臣。其中，功劳最大的姜子牙被封到齐国，做了齐国国君。

此外，为了安抚商朝遗民，周武王还将商朝旧地分封给了商纣王的儿子武庚，并派三弟管叔、五弟蔡叔一同辅佐武庚。说是"辅佐"，其实是派他们监视武庚，防止他造反。

据说，西周初年一共建立了七十一个诸侯国，其中五十三个都分封给了宗室子弟。

这些分封出去的诸侯国虽然看上去都属于独立国家，但他们有责任服从天下共主——周王的命令，定期给周王进贡，并提供

军赋（军费开支）、力役（劳役）等。

周武王为了推翻商朝，巩固周王室的天下，可谓是殚（dān）精竭虑，在灭商的第二年便病倒了。

四弟周公听说周武王得了重病，宁愿替周武王去死。于是，他向三位祖先祈祷说："如果三位祖先需要有人侍奉，就请让我替代哥哥去侍奉你们吧！我乖巧伶俐，多才多艺，能侍奉鬼神！"

神奇的是，周武王的病很快便痊愈了，而周公也没有因此丧命。

作者说
超有料

周公不但是一个多才多艺的人，还是一个文治武功都十分了得的人。由于周武王去世得早，即位的儿子周成王尚在襁褓之中，周公担心诸侯们会趁机造反，便替周成王处理国政。但他的两位兄弟管叔和蔡叔误以为他想篡位，十分不满，一气之下便拉着商纣王的儿子武庚反了。周公亲自带兵讨伐他们。不久，管叔被诛杀，武庚被处死，蔡叔被流放。从此以后，再也没有人敢造反了。西周在周公的治理下，也渐渐变得更加繁荣。

无可奈何

为博美人开心，干了不少荒唐事

西汉 司马迁

无可奈何，出现在我的《史记·周本纪》："当幽王三年，王之后宫见而爱之，生子伯服，竟废申后及太子，以褒姒为后，伯服为太子。太史伯阳曰：'祸成矣，无可奈何！'"

无可奈何，讲的是周幽王废掉王后和太子，导致自己被杀的故事。如果周幽王不废掉王后和太子，他就不会被杀。当然了，如果周幽王不烽火戏诸侯，当敌军杀来时，他点燃烽火，诸侯们就会立刻前来勤王，他依然不会被杀。可惜，他一错再错，才会落得身死国灭。

释　义	没有办法，无法可想。
近义词	无能为力、束手无策、无计可施
反义词	得心应手、轻而易举、游刃有余
例　句	他把阴阳先生的话一字不漏地沉在心底，逢人问起却摆出无可奈何的样子说："嗐！跑遍了七八块地，没一块有脉气的，只是这慢坡地离村子近点，地势缓点，凑合着扎坟吧！"（陈忠实《白鹿原》）

西周末年，出现了一位特别喜欢惹是生非的主儿，他就是周幽王。

就在周幽王即位的第二年，泾水、渭水和洛水地区都发生了地震，不久又全部枯竭，岐山也崩塌了。

在今天看来，这些都是自然现象，但在古人看来是亡国之兆。然而巧合的是，伊水、洛水枯竭时夏朝灭亡，黄河枯竭时商朝灭亡，所以古人对此征兆更加深信不疑。

于是，太史伯阳甫悲伤地说："西周恐怕要灭亡了！"

如果周幽王不宠幸褒（bāo）姒（sì），或许伯阳甫的预言就不会应验，然而周幽王偏偏对褒姒爱得死去活来。

周幽王宠爱自己的妃子能有什么错呢？为何会导致西周灭亡呢？因为周幽王为褒姒干了两件荒唐事。

周幽王干的第一件荒唐事是烽火戏诸侯。

褒姒什么都好，唯独有一个缺点：不爱笑。为了逗笑褒姒，周幽王没少给她讲笑话。尴尬的是，周幽王常常把自己给逗笑了，却没能逗笑褒姒。

有一天，周幽王突然想到一个馊主意，连忙派人点燃了烽火台的烽火。

烽火是周王遇到紧急情况召集四方诸侯进京勤王的信号。当周幽王在烽火台点燃烽火后，诸侯们立刻率兵从四面八方风尘仆仆地赶来。

褒姒瞧见诸侯与士兵一副惊慌失措的样子，"扑哧"一声笑了。

周幽王见褒姒笑得花枝乱颤，就更来劲了，隔三岔五就点一次烽火。

遭到戏弄的诸侯们知道真相后，个个火冒三丈。当周幽王屡屡点燃烽火时，诸侯一次比一次来得少，直到最后没有任何诸侯愿意来了。

周幽王还干了第二件荒唐事：废掉王后和太子。

周幽王宠爱褒姒，于是废掉王后（申后）和太子，改立褒姒

为王后，立褒姒的儿子为太子。

伯阳甫听说申后和太子被废，叹息道："大祸已经酿成，谁也没办法了！"

果然，周幽王的行为引发了一场灾难，而这场灾难是由申后的爸爸、太子的姥爷申侯带来的。

申侯见女儿和外孙被废，气不打一处来，立刻联合缯国、犬戎攻打周幽王。

周幽王见申侯一伙**来势汹汹**，知道自己不是他们的对手，连忙点燃烽火，召集四方诸侯前来支援，却发现没有一个诸侯赶来。结果周幽王被杀，西周灭亡。

随后，申侯拥立外孙做了周王，史称周平王。

由于犬戎经常骚扰都城，周平王便将都城从镐（hào）京（今陕西西安）迁到洛邑（今河南洛阳）。从此，历史进入东周时期。

值得一提的是，东周又分为春秋和战国两个时期。

东周的前期之所以被称为"春秋"，是因鲁国编年史《春秋》详细地记载了这一时期发生的重大事件而得名；后期之所以被称为"战国"，是因这一时期各诸侯国之间连年征战而得名。

作者说 超有料

"周幽王烽火戏诸侯"虽然被明确记录在《史记·周本纪》中，但历史上很可能没有发生过这件事。有三个理由：一、比《史记》成书更早的《吕氏春秋》中记载的是"周幽王击鼓戏诸侯"，也就是说周幽王用的是击鼓的方式戏弄诸侯；二、近年来出版的《清华大学藏战国竹简》上虽然详细记录了申侯攻杀周幽王一事，却没有提及周幽王烽火戏诸侯，可能是因为周幽王并没有干过这件事；三、点燃烽火，召集士兵前来，有什么可笑的呢？

此外，国学大师钱穆等人认为，烽火是西汉防备匈奴时才开始使用的，以此来推断周幽王不可能烽火戏诸侯。事实上，这种推断是站不住脚的，因为《墨子》中就曾记载："与城上烽燧（suì）相望，昼则举烽，夜则举火"，而"烽燧"指的就是烽火。另外，1973年出土的战国时期的杜虎符上也刻有"燔（fán）燧之事"四字，而"燔燧"指的也是烽火。这意味着至少在战国时期就有烽火了。

guǎn bào zhī jiāo

管鲍之交

千金难买的友谊

我在《史记·管晏列传》中详细讲述了春秋时期齐国政治家管仲与鲍（bào）叔牙之间深厚的友谊。管仲还曾说："生我者父母，知我者鲍子也！"后来，人们便用"管鲍之交"来形容彼此情谊深厚。"管鲍之交"也渐渐成为后世交友的典范。

西汉 司马迁

释 义	春秋时齐国管仲与鲍叔牙二人相交至深。后称朋友之间深厚的交情为"管鲍之交"。
近义词	情同手足、莫逆之交、刎（wěn）颈之交
反义词	势不两立、势同水火、不共戴天
例 句	自此之后，吴陈二人作为同学加密友，携手并行，开始了长达半个世纪的感人肺腑的管鲍之交。（岳南《陈寅恪与傅斯年》）

春秋初期，有一对关系非常要好的朋友，一个叫管仲，另一个叫鲍叔牙。

两人曾经一起做生意，挣了钱，原本应该平分，但管仲偏偏多拿一些。鲍叔牙不但不生气，还说："管仲并不是一个贪财的人，只是因为家里穷罢了！"

鲍叔牙曾经遇到困难，管仲替他想了个办法，反而搞得鲍叔牙更加窘迫。鲍叔牙却安慰管仲说："我知道你不笨，只是运气时好时坏罢了！"

管仲曾多次做官，却次次被国君罢免。鲍叔牙安慰他说："不是因为你无能，而是因为你最近比较倒霉！"

管仲还当过兵。每次打仗时，战友都咬着牙往前冲，他却屡

屡当逃兵。大家都嘲笑他，鲍叔牙

却替他解释说："管仲不是懦夫，

只是因为他要活着照顾老母亲！"

在外人看来，管仲完完全全就是一个贪财好利、贪生怕死的人。任谁摊上这么一位朋友，都会跟他绝交。可是鲍叔牙不但没有这么做，反而十分珍惜这份友谊。所以管仲曾感叹说："生我的是父母，最了解我的是鲍叔牙啊！"

后来，管仲与一个叫召（shào）忽的人一同辅佐齐国国君的儿子公子纠，鲍叔牙则去辅佐齐国国君的另一个儿子公子小白。

有一年，齐国国君被杀，因为内乱逃亡在外的公子纠和公子小白听说后，立刻快马加鞭地返回齐国。

两人为什么这么着急赶回齐国呢？是因为谁先回去谁就能继承国君之位。

为了让公子纠即位，管仲亲自带领一支精锐骑兵去截杀小白。

管仲很快便追上了小白。他张弓搭箭朝小白射去，小白应声而倒。管仲大喜，立刻派人告诉公子纠，小白已经被他射杀。

得到消息后，公子纠欣喜若狂。他自认国君之位已是他的囊中之物，便不慌不忙地往回赶。

然而，当公子纠与管仲到达齐国时，两人傻眼了，因为他们认为被"射杀"的小白已经即位。小白就是大名鼎鼎的齐桓公。

原来，当初管仲并没有射死小白，只是碰巧射中了小白的衣带钩。小白很聪明，立刻倒地装死，成功骗过管仲，然后飞速赶回齐国，抢先继承国君之位。

如今，木已成舟，公子纠、管仲也只能认命了。公子纠的妈妈是鲁国公主，二人只好逃往鲁国避难。

齐桓公听说公子纠、管仲在鲁国，便给鲁国国君写信说："公子纠是我的兄弟，

我不忍心杀他，麻烦你替我杀了他！召忽、管仲跟我有血海深仇，麻烦你把他们送到齐国，我要亲手处置了他们！如果你不照办，我就发兵攻打鲁国！"

齐国是大国，鲁国是小国，鲁国肯定打不过齐国。鲁国国君只好杀了公子纠，并打算将召忽、管仲送回齐国。

听到这个消息后，召忽自杀而死，管仲却甘心被囚。

管仲跟齐桓公有一箭之仇，听说齐桓公要把他押回齐国杀掉，为什么还甘心被囚呢？因为他相信只要有鲍叔牙在，齐桓公就不会杀他。

事情果如管仲所料，齐桓公本想杀掉管仲，鲍叔牙却对齐桓公说："如果您只求治理好齐国，有我和高傒就够了；如果您想

称霸，非管仲不可！"

　　在鲍叔牙的劝说下，一心想称霸列国的齐桓公这才放弃杀管仲的念头。待管仲回到齐国后，齐桓公还让他做了国相。

作者说　超有料

　　如果不是有鲍叔牙这样的朋友，就凭管仲当初射了齐桓公一箭，管仲必死无疑。如果管仲不了解鲍叔牙，不相信鲍叔牙会为他求情，像召忽一样选择自杀，他也不可能有一番作为，更不可能青史留名。可见两人的友谊比天高，比海深。

　　反观召忽，着实让人有些惋惜。齐桓公宣称要将他与管仲押回齐国杀死，不过是找的一个借口，以便鲁国将他们送回齐国。如果他不自杀，与管仲一起回齐国，说不定会与管仲一样受到重用。

fēng mǎ niú bù xiāng jí

风马牛不相及

想找事，总能找到借口

风马牛不相及，出现在我的《左传·僖公四年》："楚子使与师言曰：'君处北海，寡人处南海，唯是风马牛不相及也。不虞君之涉吾地也，何故？'"

风马牛不相及，讲的是楚成王对齐桓公征讨楚国不满的故事。但齐桓公打的旗号是"尊王攘（rǎng）夷"，楚成王又无力反驳，只好服软。

春秋 左丘明

释　义	比喻事物之间毫无关系。
近义词	格格不入、水火不容
反义词	息息相关、唇齿相依
例　句	他感到心绪混乱不堪。他深怕自己无法控制自己。他力求做点什么或想点什么，想点风马牛不相及的事，来分散自己的注意力，但这纯属徒劳。（陀思妥耶夫斯基《罪与罚》）

春秋时期，诸侯国纷纷崛起，周王室的势力却大不如从前。周王已经无法控制诸侯，诸侯也不再听从周王的号令，并且个个做起了霸主梦。

在齐国，为了帮助齐桓公称霸列国，管仲想到一个主意：尊王攘夷。

什么是尊王攘夷呢？其实，就是一边让诸侯重新尊重周王，一边帮助中原诸侯抵御夷狄侵略。

在中原，哪个诸侯不臣服于齐国，齐桓公就以他不尊重周王的名义攻打他。

事实上，当时几乎所有的诸侯都不尊重周王，所以齐桓公基本上是想收拾谁就收拾谁。

最倒霉的恐怕要数鲁国了。鲁国曾被齐国打得不得不割地求和。

然而，就在齐鲁两国签订割地盟约时，发生了一场意外。鲁将曹沫劫持了齐桓公，并且要求齐桓公归还抢占的鲁国土地。

为了保命，齐桓公只好答应，事后却后悔了，并且想杀掉曹沫。

管仲劝说道："既然答应了人家，就不能言而无信！食言虽然一时痛快，却让您在诸侯中失去了信义，还会让您失去天下人的支持！"

齐桓公虽然有些不情不愿，却也遵守承诺将土地还给了鲁国。

诸侯们听说齐桓公言而有信，于是纷纷归附齐国。

不久，齐桓公称霸列国，成了春秋时期的第一位霸主。

当时，夷狄时常入侵中原，让很多诸侯国十分头大。

只要听说哪个诸侯国遭到夷狄侵略，齐桓公就会立刻派兵援助，所以很多诸侯国都愿意依附齐国。

当时，楚国以蛮夷自居。楚国国君更是不把周王放在眼里，擅自称王。

为了让楚国臣服，齐桓公便派管仲带兵讨伐楚国。

楚成王很生气地质问管仲："你们居住在北海，我居住在南海，咱们风马牛不相及，你们为什么要讨伐楚国呢？"

管仲责备他说："楚国为什么没有给周王进贡包茅？没有包

茅，你让周王怎么祭祀？"

楚成王虽然知道齐国是在找碴，但又打不过齐国，只好服软说："没有进贡包茅是我的错，从今以后，我再也不敢了！"

齐桓公见楚成王认错态度还不错，便撤军返回。

不久，齐桓公召集天下诸侯在葵丘会盟。当时，周王也派人参加了这次会盟。齐桓公的霸业一时间达到了顶峰。

作者说
超有料

如果没有管仲，齐桓公不可能称霸列国，同时也如孔子所说的那样，如果没有管仲，中原将被夷狄占领，大家都得像夷狄人一样披头散发，穿着奇装异服。

在管仲的辅佐下，齐桓公虽然成了霸主，但死得很悲惨。因为他是一个容易骄傲自满的人，如果没有管仲时刻在身边敲打他，他就容易犯错，而管仲偏偏死在了他前头。尽管管仲在临终前特意交代他不要重用小人，但他不听，结果引发了一场内乱。齐桓公的五个儿子为了争夺国君之位，互相残杀，以致齐桓公去世后六十七天都没有人为他收尸。

tuì　bì　sān　shè

退避三舍

你对我有恩，我让着你

退避三舍，出现在我的《左传·僖公二十三年》："若以君之灵，得反晋国，晋、楚治兵，遇于中原，其辟君三舍。"

退避三舍，讲的是晋文公重耳报恩的故事。晋文公不但报了恩，还得以称霸，可谓是一举两得。

春秋　左丘明

释　义	舍：古代行军以三十里为一舍。退避三舍，原指主动退让九十里。后泛指主动退让，不与之争或主动躲开，避免接触。
近义词	委曲求全
反义词	针锋相对
例　句	这个吃斋念佛的王爷连苍蝇也不打，只那眼中凛冽的寒气，就能逼得他退避三舍！（二月河《康熙大帝》）

有一年，晋献公在攻打骊(lí)戎时得到一个大美女，就是骊姬。

晋献公十分宠爱骊姬。宠爱到哪种地步呢？可以毫不夸张地说，没有骊姬，他就吃不下饭，睡不好觉。

有一天，晋献公对骊姬说："我想废掉太子，让咱们的儿子做太子！"

这对骊姬而言本是天大的好事，哪承想骊姬却痛哭流涕地对晋献公说："为什么要为了贱妾废掉太子呢？如果您坚持这么做，我就自杀！"

你以为骊姬是真心反对废太子吗？事实上并非如此。她不过是在演戏给晋献公看。

为了让儿子早日成为太子，骊姬陷害太子想毒杀晋献公，结果逼得太子自杀身亡。

不久，驻守在外地的公子重耳回国都朝见晋献公。

骊姬听说重耳憎恨她陷害太子，便对晋献公造谣说："太子

想害您的事，重耳知道，他却知情不报！"

晋献公十分气愤地说："我要杀了这个逆子！"

重耳听到骊姬向晋献公造谣的事，很害怕，便急忙逃走了。随后，晋献公便派人去杀重耳。要不是重耳跑得快，险些被杀。

从此，重耳到处流亡。

其间，他去过很多国家，并且多次遭到无礼对待。

有一年，重耳来到楚国，楚成王隆重地接待了他。

楚成王问重耳说："将来你回到晋国，打算怎么报答我呢？"

重耳想了想："托您的福，如果有一天我能回到晋国，一旦晋楚交战，我会让晋军后撤九十里！"

在外流亡了十九年后，重耳如愿以偿地回到晋国，并且做了国君。他就是晋文公。

有一年，楚国攻打宋国，宋国连忙向晋国求救。

晋文公想救宋国，但楚国对他有恩。放弃救宋国吧，宋国对他同样有恩。思来想去，晋文公决定围魏救赵：攻打跟楚国关系要好的曹国和卫国。如此一来，楚国就会放弃攻打宋国，转而救援曹、卫两国。

果然，晋国一攻打曹国和卫国，楚国立刻放弃攻打宋国。

楚国大将子玉气呼呼地对楚成王说："当初大王对重耳那么好，如今他明知道曹国、卫国跟楚国关系好，却故意攻打两国，这是轻视大王啊！"

楚成王不但没生气，反而不赞同对晋国用兵。见子玉坚持要攻打晋国，楚成王只好给了他少量兵力。

子玉带着军队便直奔晋军营地。

就在这时，晋军却突然收到后撤九十里的命令。晋军大惑不

解，便问晋文公缘由。

晋文公解释说："当初我在楚国时，曾答应楚王，倘若跟楚国交战，便后退九十里，以报答他的恩情，怎么能食言呢？"

子玉见晋军撤退，立刻率军追击，结果被晋军打得落荒而逃。

此战，晋军缴获一百辆战车，俘虏上千名楚军。晋文公连人带战车全部献给了周王。

周王很高兴，便任命晋文公为诸侯之长。晋文公从此称霸列国。

作者说 超有料

为了让儿子做太子，骊姬不惜陷害太子和重耳，导致一个自杀，一个流亡国外长达十九年，那么她有没有得偿所愿呢？晋献公去世后，骊姬的儿子顺利做了国君。不过，由于她儿子不得人心，很快便被晋国大臣杀害。随后，骊姬妹妹的儿子做了国君，但也被杀害了。再后来，重耳的弟弟晋惠公以及其儿子晋怀公先后做了国君。由于秦国国君秦穆公不喜欢晋怀公，便与晋国大臣里应外合杀掉晋怀公，并将重耳送回晋国。重耳这才得以继承国君之位。

yì míng jīng rén

一鸣惊人

一位让人刮目相看的霸主

战国 韩非

一鸣惊人，出现在我的《韩非子·喻老》："虽无飞，飞必冲天；虽无鸣，鸣必惊人。"

一鸣惊人，讲的是大臣劝谏只知道吃喝玩乐的楚庄王做个明君的故事。好在楚庄王听从了大臣的建议，不然春秋时期将会少一位霸主。

释　义	本指鸟鸣叫一声就使人震惊。后用以比喻平时表现平平，一做起来就取得突出的成绩。
近义词	不同凡响、一步登天
反义词	默默无闻
例　句	我们又不难发现，李白总是沉浸在历史之中，和那些创造历史的英雄人物打成一片。他渴望能够像自己笔下的那些历史英雄一样，一鸣惊人，一飞冲天，直取卿相。（王士祥《隋唐科场风云》）

春秋时期，楚国有一位非常奇怪的国君，即位三年，从不过问朝政，每天就知道吃喝玩乐，看歌舞表演。

为了不让大臣们影响他玩乐，他还下命令说："谁要是敢劝谏，我就杀了谁！"

这位国君就是楚庄王。

大臣伍举认为，再这样下去，楚国迟早会毁在楚庄王手里，于是决定进宫劝谏。

那天，楚庄王左手抱着郑姬，右手搂着越女，正津津有味地欣赏着歌舞表演。

聪明的伍举并没有直接劝谏楚庄王，而是对楚庄王说："我想给大王讲一个谜语。"

楚庄王乐了："说来听听！"

"有一只鸟，落在山丘上，三年来从不展翅，也不鸣叫，这是为

什么呢？"伍举说完，双眼直勾勾地看着楚庄王。

楚庄王心里清楚，伍举所说的"鸟"就是自己，便回答："它不展翅，是为了等待羽翼丰满；它不鸣叫，是为了观察民众的态度。它虽然现在不飞，但一飞冲天；虽然现在不叫，但一鸣惊人。"

伍举本以为楚庄王说了一番豪言壮语后会痛改前非，然而过了几个月，楚庄王不但没有收敛，反而更加放纵。

有个叫苏从的大臣实在看不下去了，便冒死进宫劝谏。

"你就不怕我杀了你吗？"楚庄王怒气冲冲地对苏从说。

"如果我的死能让大王变成明君，我就是死也值了！"苏从不卑不亢地回答道。

从此以后，楚庄王跟换了个人似的，不再吃喝玩乐，开始勤

勤恳恳地处理朝政。此外，他还一口气杀掉了几百个奸邪谄媚的大臣，提拔了一批像伍举、苏从一样正直敢言的大臣。

很快，楚国便强大起来，并且称霸列国。

有一年，楚庄王路过东周的都城洛阳，周王派王孙满前去犒劳楚庄王，没想到楚庄王却惦记上了周王室的九鼎。

九鼎，据说是夏朝强盛之时铸造。商汤灭夏后，将九鼎迁到商邑。周武王灭商后，又将九鼎迁到洛邑。

相传，得九鼎者得天下，所以诸侯们无不垂涎三尺。

楚庄王一见到王孙满，便询问九鼎的轻重大小。这便是"问鼎中原"的故事。

王孙满早已猜到楚庄王心里的那点小九九，便说："统治天

下在于道德，而不在于是否得到九鼎。"

"哼，不就是九鼎吗？我们楚国只需要用兵器上的刀尖便能铸成九鼎！"楚庄王不屑地说。

"如今周王室虽然衰微，但还不到灭亡的时候，所以你现在还不能询问九鼎的轻重！"王孙满严肃地说道。

楚庄王无言以对，只好悻悻而归。

超有料 | 作者说

你是不是以为，楚庄王本来不是一个好国君，而是因为大臣的劝说才悔过自新的？其实，并非如此。楚庄王之所以在即位的前三年表现得像个昏君，一方面是为了等待自己羽翼丰满，另一方面是为了观察大臣，看谁是贤臣，谁是奸臣。所以，他才能在正式执掌朝政时，诛杀奸臣，重用贤臣，使楚国迅速称霸列国。

dào xíng nì shī

倒行逆施

为了报仇，什么事都干得出来

西汉 司马迁

倒行逆施，出现在我的《史记·伍子胥（xū）列传》："吾日莫途远，吾故倒行而逆施之。"

倒行逆施，讲的是伍子胥为爸爸和哥哥报仇的故事。为了报仇，伍子胥忍辱负重十多年，最终得偿所愿。

释　义	指所作所为违背正理或背离正确方向。
近义词	为非作歹、无恶不作、大逆不道
反义词	安分守己、循规蹈矩
例　句	曾国藩心里沮丧，突然吼道："你这个倒行逆施的贼匪，死到临头，还如此放肆！你可知只要我一句话，你脑袋就要搬家吗？"（唐浩明《曾国藩》）

春秋末年，楚国太子有两个老师，一个叫费无忌，一个叫伍奢。伍奢就是曾经给楚庄王讲谜语的伍举的后人。

费无忌是个卑鄙小人。有一年，楚平王派他到秦国为太子娶亲，他见新娘长得漂亮，为了讨好楚平王，便劝楚平王将新娘娶回家，然后给太子娶了另外一个老婆。

老婆变成妈，太子能不生气吗？费无忌担心将来太子继承王位后会杀了他，便在楚平王面前诋毁太子，导致太子和伍奢被赶出都城，戍守边疆。

尽管如此，费无忌仍不放心，想置太子于死地，便诬陷太子意图谋反。楚平王不分青红皂白，先抓了伍奢，然后又派人去杀太子。

太子提前得到消息，逃出楚国。不过，太子后来被郑国人杀害了。

费无忌一向记恨伍奢，便对楚平王说："伍奢有两个儿子，哥哥叫伍尚，弟弟叫伍子胥，都特别有才华，如果不杀他们，恐怕将来会对楚国不利！"

于是，楚平王派人对伍尚、伍子胥两兄弟说："如果你们肯乖乖地回都城，就饶你们的爸爸一命；如若不然，立刻杀了他！"

伍尚本来打算回去，却被伍子胥阻止了。

伍子胥对伍尚说："大王用爸爸做人质，只是为了骗我们回去！如果我们回去，一定会与爸爸一同被杀！"

伍尚悲痛地说："我知道回去也不一定能救爸爸，但我怎么能坐视爸爸被杀呢？你走吧，你能报杀父之仇，就让我陪爸爸共赴黄泉吧！"

随后，伍子胥逃跑了，而伍尚则被抓回了都城。

果然，伍尚一被带回都城，就与伍奢一同被杀。

临终前，伍奢听说小儿子伍子胥逃跑了，仰天长叹道："楚国君臣恐怕要苦于战火了！"

在逃跑途中，伍子胥听说爸爸和哥哥双双被杀，便暗暗发誓，一定要灭掉楚国。

为了报仇，伍子胥一路颠簸来到吴国。

他本想借助吴国的力量报仇雪恨，不料吴王僚却不愿帮忙。没办法，伍子胥只好投靠一心想篡位的公子光。

在伍子胥的帮助下，公子光派刺客杀掉吴王僚，成功夺取王位，史称吴王阖（hé）闾（lú）。

吴楚两国本来就有仇，再加上为了报答伍子胥帮他夺取王位，阖闾便派兵攻打楚国。吴国军队在伍子胥和"兵圣"孙武的带领下，五战五胜，一举攻破楚国的都城。

当时，楚平王已经去世十年了，儿子楚昭王，也就是当初本该嫁给太子，却嫁给了楚平王的秦国女子所生的儿子，仓皇逃出了都城。

为了一泄心头之恨，伍子胥竟将楚平王的尸体从坟墓中挖了出来，并且狠狠地抽了三百鞭。

申包胥是伍子胥年轻时在楚国的好朋友，他听说伍子胥鞭打楚平王的尸体，便派人对伍子胥说："你这样报仇也太过分了！"

伍子胥却回应道："我就像天色已晚，但路途还很远的人，因此只能倒行逆施了！"

为了拯救楚国，申包胥马不停蹄地赶往秦国求救。

秦国本来不想多管闲事，申包胥在秦国一连哭了七天七夜。秦国国君被申包胥的忠诚感动，便答应救援楚国。

在秦国的帮助下，吴军被赶走，楚国这才得以复国。

作者说 超有料

对于伍子胥有没有鞭打过楚平王的尸体，其实是有争议的。目前主要有三种观点：第一种观点认为，伍子胥的确鞭打过楚平王的尸体，这一点《史记》中有明确记载。第二种观点认为，伍子胥并未鞭尸，而是鞭墓。比《史记》成书早的《穀梁传》和《吕氏春秋》中记载的都是伍子胥鞭打楚平王的坟墓。第三种观点认为，伍子胥既没有鞭尸，也没有鞭墓，因为这么具有新闻效应的事一旦发生，记载春秋时期历史的《春秋》和《左传》等史籍一定会记载，但它们虽然记载了吴军攻入楚国都城的事，却没有记载伍子胥鞭尸或鞭墓的事。

卧薪尝胆

wò xīn cháng dǎn

一个失败者的逆袭法宝

卧薪尝胆，出现在我的《史记·越王勾践世家》："越王勾践反国，乃苦身焦思，置胆于坐，坐卧即仰胆，饮食亦尝胆也。"

卧薪尝胆，讲的是越王勾践为雪耻而发愤图强的故事。好在有心人天不负，最终勾践成功了。

西汉 司马迁

释　义	形容刻苦自励，发愤图强。
近义词	自强不息、忍辱负重、励精图治
反义词	胸无大志、自甘堕落、妄自菲薄
例　句	二十年来，秦国已经打穷了，留给你的，是一个烂摊子。要卧薪尝胆，富国强兵。（孙皓晖《大秦帝国》）

春秋时期，吴越两国既是邻居，又是仇敌，彼此之间都恨不得灭了对方。

有一年，吴王阖闾听说越王允常去世了，以为刚继位的越王勾践年轻、好欺负，便带兵去攻打越国。

让阖闾万万没有想到的是，勾践不按常理出牌。两军对阵时，勾践先派一支敢死队向吴军挑战，然后让敢死队排成三行，冲入吴军阵地，大呼一声，集体自刎而死。

吴军哪里见过一上来就把自己干翻的敌人，个个看得目瞪口呆。

就在这时，越军突然杀出，将吴军打得落荒而逃。阖闾也不幸受伤，不治身亡。

弥留之际，阖闾悲痛地对即将即位的儿子夫差（chāi）说："你能忘记勾践的杀父之仇吗？"

夫差咬牙切齿地说："孩儿就是做鬼也不会忘记的！"

夫差即位后，便没日没夜地训练军队，准备替父报仇。

勾践听说夫差想报仇，便想先发制人，但他的谋士范蠡（lǐ）不赞同。勾践却坚持发兵攻打吴国，结果被吴军打得大败，还被围困在会（kuài）稽山上。

走投无路之际，勾践十分后悔地对范蠡说："我当初没有听从你的劝告，才落到今天这个地步，接下来该怎么办呢？"

范蠡回答说："先给吴王送上一份大礼，如果他依然不肯放过您，您就带着老婆一起到吴国去侍奉他！"

于是，勾践派大臣文种（zhǒng）带着金银珠宝去吴国求和。

夫差见文种说得这样可怜，便想放勾践一马，但伍子胥不赞

同，夫差只好听从伍子胥的建议，不跟越国讲和。

勾践见求和无望，本想杀掉妻儿，烧掉珍宝，与吴国拼死一战，却被文种拦住了。

文种向勾践献计说："吴国太宰伯嚭（pǐ）是个贪财好色的小人，如果用金钱美女收买他，咱们的事没准还有转机！"勾践当即采纳了文种的计策。

果然，伯嚭收了勾践的贿赂后，不断在夫差耳边替勾践美言。夫差便饶了勾践，撤军而回。

勾践回国后，时刻不忘会稽之耻。据说，为了激励自己，他每天睡在柴草上，并且时常品尝苦胆。他只吃素菜，衣服也都没有花纹和装饰。此外，他还大力发展生产，整顿军队，鼓励国人多生孩子。

伍子胥知道勾践有心报复吴国，便再三劝说夫差灭掉越国，可夫差不但不听，还派人送给伍子胥一把剑，逼迫伍子胥自杀。

经过勾践二十多年的努力，越国逐渐强大起来。此刻，勾践决定灭吴雪耻。

这次，勾践反将夫差围困在姑苏山上。

与勾践当初一样，夫差连忙派人向勾践求和，没想到勾践却不同意。

不过，勾践也不想赶尽杀绝，承诺给夫差一百户人家，让这一百户人家供养他。不料却被夫差拒绝。

夫差对勾践说："我已经老了，不能再侍奉你了！"说罢，

便自杀了。自杀时，他还遮住了自己的脸，说："我没脸去见伍子胥啊！"

勾践灭掉吴国后，很快便称霸列国，成为春秋时期最后一位霸主。

作者说 超有料

勾践卧薪尝胆的故事可谓尽人皆知，但你真以为勾践曾经卧薪尝胆吗？其实，《史记》上也只是说勾践曾尝胆，却没有提及他"卧薪"，也就是睡在柴草上的事。历史上将"卧薪"与"尝胆"结合起来使用的是北宋时期的大文豪苏轼。苏轼曾经以孙权的口吻写了一篇名叫《拟孙权答曹操书》的文章，文中曾提到"卧薪尝胆"，不过说的是孙权。后来，经过小说家的渲染和传播，"卧薪"与"尝胆"都被放到了勾践身上，所以大家才会以为勾践曾卧薪尝胆。

兔死狗烹

tù　sǐ　gǒu　pēng

有些人可以共患难，不可以共享乐

兔死狗烹，出现在我的《史记·越王勾践世家》："蜚鸟尽，良弓藏；狡兔死，走狗烹。越王为人长颈鸟喙，可与共患难，不可与共乐。"

兔死狗烹，讲的是越王勾践残杀功臣的故事。在中国历史上，有很多帝王都会过河拆桥，其中，勾践就是一个典型，也因此备受诟病。

西汉　司马迁

释　义	狡兔已死，猎狗没有什么用处，就会被烹食。比喻事成之后杀害有功之人。
近义词	鸟尽弓藏、卸磨杀驴、过河拆桥
反义词	感恩戴德、知恩图报、没齿难忘
例　句	你那时节，出了长安，有刘伯钦送你上路；到两界山，救我出来，投拜你为师，我曾穿古洞，入深林，擒魔捉怪，收八戒，得沙僧，吃尽千辛万苦；今日昧着惺惺使糊涂，

只教我回去：这才是鸟尽弓藏，兔死狗烹！（吴承恩《西游记》）

在范蠡和文种的辅佐下，越王勾践死里逃生，并且一步步称霸列国，成为一代霸主。

接下来，范蠡本该同勾践共享富贵，然而他却执意要离开勾践，离开越国。

这是为什么呢？因为范蠡早已看出，勾践是一个可以共患难，不可以共富贵的人。

　　离开前，范蠡给勾践写了一封信："君主忧愁，臣子就该不辞劳苦地为君主分忧；君主受辱，臣子就应该以死谢罪。当初大王在会稽山受辱，我之所以没有自杀，是为了帮助大王报仇雪恨。如今，大仇已报，我恳求大王赐我一死！"

　　勾践回信说："我想报答你还来不及，怎么会赐死你呢？我将和你平分越国，你若不答应，我就惩罚你！"

　　范蠡说："您可以执行您的命令，但我也可以按照我的意愿，去做我想做的事！"

　　随后，范蠡便打点行囊，乘船离开越国，前往齐国。此后，他再也没有踏进越国半步。

　　到达齐国后不久，范蠡给文种写了一封信："飞鸟被杀尽，良弓就会被藏起来，不再使用；狡兔死了，猎狗没有用了，就会被烹食。越王长脖子，尖嘴巴，一看就是那种可以共患难，却不可以共享乐的人。你为什么还不离开他呢？"

文种收到范蠡的书信后，便开始称病，不再上朝。尽管如此，他也没有躲过一劫。

不久，有人污蔑文种想要造反。勾践不加详查，便赐给文种一把宝剑，命他自杀，还冠冕堂皇地说："你教我灭吴的七种计策，我只用了三种就灭了吴国，那四种还在你那里，你去阴曹地府教我的祖先们试试吧！"

文种很伤心，只好拔剑自杀了。

如果不是范蠡离开得早，恐怕他的下场也会跟文种一样。

超有料｜作者说

在古代，做功臣是一件非常危险的事，因为有很多功臣辛辛苦苦地帮助帝王打下天下之后，却被帝王找各种理由杀害了。所以说，做功臣要像范蠡一样，不但要会替帝王谋事，还要会替自己谋身。

话说，帝王为什么要杀害曾经帮助过自己的功臣呢？因为这些功臣能力强，威望高，帝王担心他们会危及自己的江山，所以才会对他们下毒手。

前事不忘，后事之师

做人不能骄傲自大

西汉 刘向

前事不忘，后事之师，出现在我编订的《战国策·赵策一》："前事之不忘，后事之师。"

前事不忘，后事之师，讲的是战国时期晋国赵氏的家臣张孟谈功成身退的故事。张孟谈虽然功勋卓著，却不贪恋权位，最终选择归隐乡野，以种地为生。

释 义	不忘记过去的经验教训，是为了作为以后行事的借鉴。
近义词	前车之鉴、惩前毖后
反义词	重蹈覆辙、故技重演
例 句	同志们，前事不忘，后事之师，假如今天在座的哪位，在今后的某一天，突然以莫须有的罪名被送进监狱，请想一想我今天说过的话。（都梁《亮剑》）

战国初期，晋国国君大权旁落，国家由智氏、韩氏、赵氏和魏氏四大家族把控。其中，智氏的势力最强大。

智氏家族的领主智伯是一个狂妄自大、贪得无厌的人。他仗着势力强大，经常欺凌其他三大家族。

有一次，智伯向韩氏家族的领主韩康子索要土地，韩康子本想拒绝，家臣却说："智伯贪财好利，如果不满足他，他就会带兵攻打我们。不如给他，他拿到地，一定还会向其他人索要。别人不给，他就会打别人。如此一来，我们就能避免一场灾祸！"

韩康子认为家臣说得在理，于是给了智伯一个拥有一万户人口的城邑。

智伯高兴坏了，果然又向魏氏家族的领主魏桓（huán）子索要土地。

　　魏桓子也不想给，家臣却说："不如答应智伯的要求，让他骄傲自大。他一旦骄傲自大，就会轻敌，到时候咱们再与他人结盟，收拾他！"

　　随后，魏桓子也乖乖给智伯献上一个拥有一万户人口的城邑。

　　智伯贪心不足，又去找赵氏家族的领主赵襄子索要土地。

　　赵襄子是个硬骨头，坚决不给智伯土地。

　　智伯碰了钉子，勃然大怒，立刻带领韩康子、魏桓子一起攻打赵襄子。

　　赵襄子躲进晋阳城中。智伯立刻将晋阳城重重包围，一连打了一年多，却始终未能攻破晋阳城。

　　于是，智伯想到一个损招：水淹晋阳城。

不久，城中断粮，老百姓生活得很艰难。

看到被大水淹没的晋阳城，智伯扬扬得意地说："我今天才知道，原来大水也可以灭亡一个国家啊！"

韩康子、魏桓子听罢，都打了一个寒战。因为汾水可以淹没韩氏领地，绛水可以淹没魏氏领地。如果有一天智伯想灭掉他们，只需要掘开汾水、绛水即可。

有一天，谋士绨（chī）疵（cī）忧心忡忡地找到智伯，并对他说："韩、魏两家必反！"

智伯好奇地问："你怎么知道？"

绨疵解释说："我们与韩、魏两家约定，灭掉赵氏后，与他

们共同瓜分赵氏的土地。眼下，晋阳城很快就会被攻破，韩康子和魏桓子不但不高兴，反而一脸忧愁，这不是想造反是什么？"

智伯不信，还召来韩康子和魏桓子，并对他们说："絺疵说你们两个想造反！"

韩康子、魏桓子当然不肯承认了，连连否认。

待韩康子、魏桓子离开后，絺疵来见智伯，并埋怨道："您为什么把我的话告诉韩康子和魏桓子？"

智伯吃惊地问："你怎么知道？"

絺疵回答说："他们看到我后，便匆匆离去，那是因为他们知道我看穿了他们的心思！"

无论缔疵说什么，智伯就是不肯相信韩、魏两家会背叛他。缔疵猜到智伯迟早会败亡，于是找了借口，离开了智伯。

眼看晋阳城就要被攻破，赵襄子连忙派家臣张孟谈出城游说（shuì）韩、魏两家，与赵氏结盟。

张孟谈一见到韩康子、魏桓子，便给他们剖析利害："赵氏一旦灭亡，马上就会轮到你们两家！"

韩康子、魏桓子心里当然清楚，便与张孟谈一起谋划对付智伯的办法。

一天夜里，赵襄子派人挖开堤坝，水淹智伯大营。

智伯与他的军队瞬间被淹。

随后，韩、赵、魏三家的军队一起杀入智伯大营。

智伯不敌，被杀于乱军之中，智氏全族也悉数被灭。

智伯被灭，张孟谈功不可没，他在赵氏家族中的威望与地位一度跟领主赵襄子相当。就在这时，张孟谈却选择功成身退。

赵襄子不愿让张孟谈离开，但张孟谈说："大臣与君主的地位相当，却还能和平相处的，历史上从来没有。不忘记过去的经验教训，是为了作为以后行事的借鉴！"

赵襄子无言以对，只好放张孟谈离去。

智伯死后不久，韩、赵、魏三家不但瓜分了他的地盘，还瓜分了晋国，史称"三家分晋"。

多年后，韩、赵、魏三家的领主被周王封为诸侯，从此三家变成了韩国、赵国和魏国，与楚国、燕国、齐国、秦国并称"战国七雄"。

作者说
超有料

智伯虽然招人恨，却有一个甘愿为他而死的知己，这个人名叫豫让。智伯被杀后，豫让为了替他报仇，曾两次行刺赵襄子：第一次行刺时被发现，赵襄子见他有情有义，便放了他。第二次行刺，豫让为了不被赵襄子认出，将自己身上涂满漆，使皮肤溃烂。为了改变声音，他将炭火吞进口中，使声音变得嘶哑。就连他的妻子都没能认出他。然后，他趁赵襄子要外出时行刺赵襄子，但依然被发现了。这次，赵襄子决定不再留他性命。他却请求在赵襄子的衣服上刺几下，当作给智伯报仇。赵襄子很感动，便答应了他。随后，豫让便拔剑自杀了。

zuò fǎ zì bì
作法自毙
救了一个国家，却害了自己

作法自毙，出现在我的《史记·商君列传》："商君亡至关下，欲舍客舍。客人不知其是商君也，曰：'商君之法，舍人无验者坐之。'商君喟然叹曰：'嗟乎，为法之敝一至此哉！'"

作法自毙，讲的是商鞅（yāng）推行变法却害了自己的故事。但不可否认的是，如果没有商鞅变法，秦国未必能一统天下。

西汉 司马迁

释　义	自己定的规矩，使自己受害。
近义词	作茧自缚、自作自受、自食其果
例　句	心想，幸而我是死了心，并不是假惺惺，要你来转圜（huán）。设若我希望丈夫来转圜的话，我岂不是作法自毙吗？这样想着，把她已灰的心，又更踏进两步。（张恨水《金粉世家》）

　　战国时期，魏相公叔痤（cuó）有一个年轻的侍从，名叫公孙鞅（也即后来的商鞅）。

　　有一天，公叔痤病重，魏国国君魏惠王亲自到府中探望他，并问道："如果有一天你不在了，国家要交给谁来治理呢？"公叔痤毫不犹豫地推荐了商鞅。

　　然而，公叔痤却发现魏惠王并不打算重用商鞅，于是对魏惠王说："如果大王不打算重用他，那就杀了他吧。千万别让他离开魏国，不然魏国就会遭殃！"

　　魏惠王答应了他的请求。

　　等魏惠王离开后，公叔痤连忙叫来商鞅，并对他说："刚才大王问我谁能做国相，我推荐了你，但看大王的神情，并不打算接受我的建议。我应该先忠于君主，而后再考虑臣子的立场，所以才劝大王杀掉你！大王答应了我的请求，你赶快离开魏国吧，不然就会被杀掉！"

商鞅笑了笑，说："大王不听您的建议重用我，又怎么会听您的建议杀掉我呢？"商鞅坚持留在魏国，魏惠王果然没有杀他。

那天，魏惠王离开相府后，还对侍从说："公叔痤真是病糊涂了！太叫人伤心了，他竟然让我把国政交给一个年轻人！"

公叔痤死后，商鞅便失业了。

有一天，他听说秦国国君秦孝公发布求贤令，寻访有才能的人，帮助秦国恢复往日的霸业，便直奔秦国。

国君可不是谁想见就能见的。商鞅通过秦孝公的宠臣才见到秦孝公，并且一连见了好几次。

第一次见秦孝公时，商鞅跟他大讲五帝治国所用的帝道，听得秦孝公昏昏欲睡；第二次见秦孝公时，商鞅跟他大讲商汤、周武王治国所用的王道，秦孝公依然不感兴趣；第三次见秦孝公时，商鞅跟他大讲春秋五霸称霸列国所用的霸道，秦孝公却听得着迷，商鞅也因此受到重用。

为了让秦国脱胎换骨，秦孝公决定支持商鞅在秦国实施变法，史称"商鞅变法"。

商鞅制定了很多新法，比如重农抑商、禁止私斗、实行连坐之法等。其中，最为重要的莫过于制定了按照军功大小授予爵位的军功爵位制。以前，爵位都是世袭，平民无论多努力，都很难获得爵位。自从实施变法之后，杀敌越多，爵位越高，所以秦军打起仗来个个如同虎狼一般。秦军也因此被誉为虎狼之师。

商鞅还曾带领秦军大败魏国，逼得魏国割地求和。

这时，魏惠王不禁回想起公叔痤当初对他说的一番话，捶胸顿足道："我真后悔当初没有采纳公叔痤的建议啊！"

打败魏国后，秦孝公将商、於之地封给了商鞅，封号为"商君"，所以才有了大家后来熟知的"商鞅"的叫法。

商鞅变法使秦国成为战国七雄中最强大的国家，也为后来秦国一统天下奠定了坚实的基础。

然而，商鞅却也因为变法损害了旧贵族的利益。比如，废除

贵族世袭特权。旧贵族以前都可以继承祖上遗留下来的爵位以及特权，但后来被商鞅全部废除，旧贵族能不恨他吗？

秦孝公一死，商鞅便失去了靠山。旧贵族纷纷诬陷他想谋反。刚继位的秦惠文王便派人去抓商鞅。商鞅害怕，一口气逃到了秦国边境。

夜晚，商鞅想住旅店，店主不知道他是商鞅，见他没有携带住宿所需要的证件，便将他赶出旅店，还说："商君有法令规定，留宿没有证件的人住店，店主是要获罪的！"

听罢，商鞅长叹一声："没想到变法的危害竟然害到自己头上来了！"

商鞅只好继续潜逃。后来，他虽然成功逃回自己的封地，却被秦国的军队在郑邑附近杀死。

商鞅的尸体被运回秦国后，秦惠文王还将他车裂示众。

作者说 超有料

从实施变法的那一刻起，商鞅的悲惨结局就已注定。因为为了推行变法，他得罪了很多人。他不仅仅得罪了秦国的大批旧贵族，还得罪了当时还是太子的秦惠文王。

有人曾劝商鞅，想杀他的人多如牛毛，建议他每次出门都带上大批甲士，保护自己，但商鞅没有听从建议。

秦孝公活着时，自然没人敢动他一根毫毛。但秦孝公不可能长命百岁，所以秦孝公一去世，商鞅的死期便到来了。

商鞅死后，他的新法有没有被废除呢？没有。虽然秦惠文王在即位前讨厌商鞅制定的新法，并在即位后杀了商鞅，但是大力推行新法。一个人坐什么位置，往往决定了他怎么思考，怎么行动。

前倨后恭

qián jù hòu gōng

你成功了，才会受人尊敬

西汉 司马迁

前倨后恭，出现在我的《史记·苏秦列传》："苏秦之昆弟妻嫂侧目不敢仰视，俯伏侍取食。苏秦笑谓其嫂曰：'何前倨而后恭也？'嫂委蛇蒲服，以面掩地而谢曰：'见季子位高金多也。'"

前倨后恭，讲的是纵横家苏秦成名前后，亲人对他态度截然不同的故事。苏秦虽然一生经历了无数次失败，却能发愤图强，佩挂六国相印，也是非常令人钦佩的。

释 义	原先傲慢，后来恭敬，前后态度截然不同。形容人势利，待人的态度因其地位的变化而前后不同。
近义词	趋炎附势、阿谀奉承、溜须拍马
反义词	刚正不阿

> **例　句**　李德全踩着下马石下来，笑对何柱儿道："这狗才前倨后恭，原来是个常在衙门里走动的，把我们当外乡人了……"何柱儿咧嘴一笑，正要说话，旁边小太监邢年挤眼儿巴结道："你老要亮出真实身份，他不吓趴下才怪呢！"（二月河《康熙大帝》）

作为战国七雄中最强大的国家，秦国渐渐生出吞并六国、一统天下的野心。这也让其他六国惶恐不安。

就在这时，一个人站了出来，给六个国家分别吃了一颗定心丸，而这个人就是纵横家苏秦。

苏秦在成名前混得非常惨。他在外游说诸侯多年，却一事无成。有一年，他狼狈地回到家中，老婆、嫂子等都嘲笑他说："不好好种地，就会耍嘴皮子，活该你穷困潦倒！"那一刻，他恨不得找个地缝钻进去。

后来，苏秦整天闭门不出，发奋学习，直到深得揣摩君主的心思的精髓，才离开家，再次踏上游说诸侯之路。

苏秦最先游说的是周显王。可惜周显王的大臣都瞧不起苏秦，所以周显王没有任用苏秦。

紧接着，苏秦又去游说秦惠文王，还对秦惠文王说："我能帮您一统天下！"

秦惠文王刚杀了商鞅，正厌恶游说之士，便拒绝苏秦说："秦国还不够强大，无心一统天下！"

让秦惠文王意想不到的是，他拒绝苏秦的行为很快给秦国带

来了一场灾难，因为苏秦转过身就去游说六国合纵抗秦。

什么是"合纵"呢？其实，就是将弱国联合起来对抗强国。

苏秦三下五除二便成功游说六国加入合纵联盟。为此，苏秦还做了合纵联盟的盟主，并佩挂六国相印。

当苏秦把六国合纵的盟书送到秦国后，吓得秦国人十五年都不敢踏出函谷关半步。

有一次，苏秦路过老家洛阳。当时，他带了很多随从，场面搞得比帝王还气派。

周显王非常害怕，连忙派人清扫道路，并在郊外慰劳苏秦。

当苏秦再次回到家中时，老婆、嫂子等人都匍匐在地上，不敢抬头看他。

苏秦笑着问嫂子："你以前对我十分傲慢，如今为何却对我如此恭敬呢？"

嫂子战战兢兢地回答："因为您比以前地位高，金钱多！"

听罢，苏秦长叹一声，说："同样是我这个人，富贵时亲朋好友就敬畏我，贫贱时就轻视我，亲人尚且如此，更何况是其他人呢！假如当初我在洛阳有二顷良田，安安心心地做个农民，如今又怎么能佩挂六国相印呢？"

随后，苏秦拿出千金赏给亲朋好友，然后又报答了所有对他有恩的人。

作者说 超有料

你听说过"悬梁刺股"这个成语吗？其中"刺股"说的就是苏秦。苏秦为了出人头地，每天埋头读书。每当打瞌睡时，他就拿锥子刺自己的大腿。"悬梁"则说的是东汉人孙敬。孙敬读书时，经常将头发用绳子绑在房梁上。只要一打盹，头皮就会被绳子扯痛，他顿时就会变得精神百倍，然后就能接着读书了。两人读书非常刻苦，所以后人便用"悬梁刺股"来形容刻苦学习。

gāo zhěn wú yōu

高枕无忧

被人卖了，还帮人数钱

高枕无忧，出现在我编订的《战国策·魏策一》："为大王计，莫如事秦。事秦则楚、韩必不敢动；无楚、韩之患，则大王高枕而卧，国必无忧矣。"

高枕无忧，讲的是纵横家张仪为破坏六国合纵忽悠六国诸侯的故事。凭借一流的口才，他成功破坏了六国合纵，使秦国更加肆无忌惮地欺凌其他国家。

西汉 刘向

释义	垫高了枕头睡觉，无所忧虑。
近义词	万事大吉、无忧无虑、无牵无挂
反义词	寝食难安、杞人忧天、提心吊胆
例句	这个女土司，她一直在和我作对。我请她来，只是想叫土司们最后聚会一下，她却铁了心跟我作对。这些年，土司们都高枕无忧地生活，也许，他们以为一个好时

代才刚刚开始吧。现在，我要使这个靠我的麦子度过了饥荒，保住了位子的女土司难受一下了。（阿来《尘埃落定》）

六国合纵吓得秦国再也不敢欺负六国。如果一直这样下去，秦国便不可能吞并六国，一统天下。

就在秦惠文王为此而苦恼的时候，苏秦的同学张仪为秦惠文王献上一个专门对付合纵的计策：连横。

什么是"连横"呢？就是利用六国中的种种矛盾联合个别国家，对付其他国家。

为了破坏六国合纵，张仪便游说六国脱离合纵，与秦国结盟。

张仪最先游说的是魏国。他忽悠魏王说："只要魏国侍奉秦国，其他国家就不敢欺负魏国，大王就能高枕无忧。"

魏王头脑简单，果然上当，便背弃合纵盟约，与秦国结盟。

在游说六国脱离合纵期间，被张仪忽悠得最惨的恐怕要数楚怀王了。

有一年，秦国想攻打齐国，但齐楚两国签订了合纵盟约，秦国不敢直接攻打齐国，于是张仪主动请缨，前往楚国，分化齐楚联盟。

一到楚国，张仪便忽悠楚怀王说："只要大王跟齐国解除盟约，我就让秦王将商於六百里的土地献给大王！"

楚国派兵攻城略地，打几年，死伤无数，也未必能夺得六百里土地，如今不费一兵一卒就能得到，楚怀王能不高兴吗？所以，他立刻答应了张仪的请求。

与齐国断交后，楚怀王便派使者跟随张仪回秦国接收土地。

然而，张仪一回到秦国，便假装从马车上摔下来，受了伤，一连三个月都没有去上朝。

楚怀王听说了这件事，还以为是自己跟齐国断交不够彻底，又派人到齐国辱骂齐王。

齐王平白无故挨了一顿骂，很生气，便跟楚国彻底断交，然后跟秦国结盟。

张仪见目的达到，这才高高兴兴地去上朝。

当楚国使者找张仪讨要六百里土地时，张仪却说："我只有六里地愿意献给你们大王！"

这时，楚怀王才发现自己被张仪当猴耍了。

楚怀王气不过，便发兵攻打秦国，结果战败，还不得不割让两座城池向秦国求和。

楚怀王赔了夫人又折兵，恨不得将张仪抽筋扒皮。

那么，他有机会将张仪抽筋扒皮吗？还真有。

不久，秦国想要用武关以外的土地交换楚国黔中一带的土地。楚怀王咬牙切齿地对秦惠文王说："只要秦国交出张仪，我愿献上黔中一带的土地！"

听到这个消息，张仪不但没被吓到，反而主动请求前往楚国。

秦惠文王问张仪说："楚王明摆着是想报复你，你难道不怕他杀了你吗？"

张仪自信满满地："我拿着大王您的符节出使，楚王不敢杀我！再说了，用我一个人的性命为秦国换来黔中一带的土地，稳赚不赔！"

于是，秦惠文王派张仪出使楚国。

一到楚国，张仪就被楚怀王抓了起来。

就在这时，张仪的朋友、楚国大夫靳（jìn）尚立刻找到楚怀王的夫人郑袖，并吓唬她说："你知道你即将被大王抛弃吗？"

郑袖大吃一惊，问道："为什么这么说？"

靳尚忽悠她说："秦王为了救张仪，打算送给大王一片土地，还会送上很多美女！大王一向看重土地，就会敬重秦国，秦国的美女也一定会受到宠爱。到那时，夫人就会失宠。"

郑袖忧心忡忡地问："这可怎么办啊？"

靳尚说："如果您能救出张仪，秦国就不会贿赂大王，夫人也就不用担心失宠了！"

郑袖感觉靳尚的话十分有道理，便亲自替张仪向楚怀王说情。

楚怀王十分宠爱郑袖，便决定饶张仪一命，并且依然像对待贵宾一样对待张仪。

躲过一劫后，张仪开始一一游说六国，并且成功破坏六国合纵。

作者说

超有料

　　苏秦与张仪都是"谋圣"鬼谷子的徒弟。据《史记》记载，苏秦、张仪是同一个时代的人，两人还是对手。然而，近年来长沙马王堆汉墓出土的《战国纵横家书》中却记载，苏秦活动的时间大多是在张仪死后。所以，很多人便认为《史记》中记载错误。那么，《战国纵横家书》中的记载能否否定《史记》中的记载呢？不能。原因有两个：一、《战国纵横家书》仅是一家之言，没有其他史书与之相佐证；二、《战国纵横家书》是西汉人抄录而成，未必无错。不过，究竟谁对谁错，还需要更多的证据才能证明。

wán   bì   guī   zhào

完璧归赵

不辱使命，拿回宝物

完璧归赵，出现在我的《史记·廉颇蔺相如列传》："王必无人，臣愿奉璧往使。城入赵而璧留秦；城不入，臣请完璧归赵。"

完璧归赵，讲的是赵国大臣蔺（lin）相如将和氏璧完好无损地带回赵国的故事。也是"完璧归赵"一事让蔺相如开始走向历史舞台，为世人所知。

西汉　司马迁

释　义	借指把原物完好无损地归还原主。
近义词	物归原主、完好无损、秋毫无犯
反义词	巧取豪夺、久假不归、敲诈勒索
例　句	大人，董迈毕竟只是个漂泊在外的秀才，他唯恐官府不肯听信于他，反倒惹上了官司，受那牢狱之苦。因此，他这样安排似乎也合乎情理，他得到十锭金子，而由我将这颗丢失已久的御珠完璧归赵。（高罗佩《大唐狄公案》）

有一天，赵惠文王得到了天下至宝和氏璧，甭提有多高兴了。

然而，他还没高兴几天，就收到了秦昭王的书信，说打算用秦国的十五座城池跟他交换和氏璧。

秦国强大，赵国弱小，赵惠文王不敢不换，却又担心上当受骗。

就在赵惠文王左右为难的时候，有个宦官向他推荐了自己的门客蔺相如。

赵惠文王连忙召来蔺相如，并问他："秦王打算用十五座城池跟我交换和氏璧，我该不该答应他呢？"

蔺相如回答："秦国强大，赵国弱小，不能不答应！"

"如果秦王得到和氏璧，却不给我城池，怎么办呢？"

"秦国用城池交换和氏璧，赵国不答应，赵国理亏；赵国给了和氏璧，而秦国不给城池，秦国理亏。两者相比较，宁可答应秦国，让秦国理亏。"

赵惠文王觉得蔺相如说得有道理，便问："谁可以替我出使秦国呢？"

蔺相如回答："如果大王找不到合适人选，我愿护送和氏璧出使秦国。"

于是，赵惠文王便派蔺相如带着和氏璧出使秦国。

蔺相如将和氏璧献给秦昭王后，秦昭王爱不释手。

然而，蔺相如却发现，秦昭王并没有割让城池的意思。于是，他走向前，对秦昭王说："和氏璧上有一个斑点，请允许我指给大王看！"

秦昭王信以为真，便将和氏璧递给了蔺相如。

岂料蔺相如倒退几步，身体依靠在柱子上，怒发冲冠地对秦昭王说："我见大王并没有给赵国城池的意思，所以才收回和氏璧。如果大王硬抢，我的头颅将与和氏璧一起撞碎在柱子上。"

秦昭王担心和氏璧破损，连忙向蔺相如道歉，并装模作样地拿来地图，说要将哪些城池割让给赵国。

　　蔺相如猜到秦昭王并非真心想将城池割让给赵国，便对秦昭王说："和氏璧是天下至宝，赵王送和氏璧之前斋戒了五天，大王也应该斋戒五天。五天后，我会将和氏璧双手奉上。"

　　秦昭王知道无法强抢，只好答应。

　　五天后，当秦昭王兴致勃勃地准备接受和氏璧的时候，蔺相如却告诉他："我已经派人将和氏璧送回赵国。如果大王真心想用城池交换和氏璧，请先将秦国的十五座城池割让给赵国，赵国不敢不将和氏璧献给大王！"

　　秦昭王顿时傻了眼。

秦国大臣个个**义愤填膺**，纷纷请求杀了蔺相如。

秦昭王心里清楚，即便将蔺相如**碎尸万段**，也无法得到和氏璧，反而还破坏了秦赵两国的友谊，所以没有责罚蔺相如，还让他回国了。

最终，秦国没有给赵国城池，赵国也没有给秦国和氏璧。

蔺相如**不辱使命**地回到赵国后，赵惠文王十分高兴，便封蔺相如为上大夫。

作者说 超有料

关于和氏璧的来历，有一个传说。相传，春秋时期楚国人卞和在荆山中得到一块未经雕琢的玉石，便将它献给了楚厉王。楚厉王找人鉴定，鉴定的人却说是一块普通的石头。楚厉王认为卞和欺君，让人砍掉了他的左脚。等到楚武王即位时，卞和又将它献给了楚武王。楚武王找人鉴定，鉴定的人依然说是石头。楚武王命人砍掉了他的右脚。等到楚文王即位时，卞和抱着玉石在荆山下号啕大哭三天三夜，泪都流干了，并且开始流血。楚文王派人询问原因，卞和说："我并非因为双脚被砍而悲伤，而是因为大家把宝玉当成石头，把忠贞的人当成骗子！"于是，楚文王命人剖开玉石，果然得到一块宝玉，便将它命名为"和氏璧"。

fù jīng qǐng zuì

负荆请罪

大将军道歉的方式不一般

负荆请罪，出现在我的《史记·廉颇蔺相如列传》："廉颇闻之，肉袒（tǎn）负荆，因宾客至蔺相如门谢罪。"

负荆请罪，讲的是廉颇向蔺相如谢罪的故事。两人一个勇于认错，一个宽宏大量，有两人在，秦国才不敢攻打赵国。

西汉 司马迁

释　义	表示主动向对方承认错误，赔礼道歉。
近义词	登门谢罪、知错就改、引咎自责
反义词	兴师问罪、屡教不改、执迷不悟
例　句	他想向曾国藩负荆请罪，又怕昔日同窗不容他，便托李鸿章去试探下。果然不出所料，曾国藩一听便火冒三丈，大声地对李鸿章说："他还有脸见我，我都没有脸见他！你问问他，还记不记得自己亲手立下的军令状？"（唐浩明《曾国藩》）

有一年，秦昭王约赵惠文王到渑（miǎn）池相见。赵惠文王非常害怕，不想去。

　　赵惠文王为何会如此害怕呢？因为此前秦昭王约楚怀王相见，结果扣留了楚怀王，致使楚怀王死在了秦国。如果赵惠文王答应赴约，天知道他会不会跟楚怀王一个下场？

　　不过，蔺相如和大将军廉颇都建议他去。他只好硬着头皮去了。

　　在渑池，秦昭王与赵惠文王一起饮酒。

　　席间，秦昭王对赵惠文王说："我听说赵王很喜欢音乐，并且擅长弹瑟，请为我弹奏一曲！"

赵惠文王便拿起瑟弹奏了一曲。

没想到秦国的史官却走上前，写道："某年某月某日，秦王与赵王一起饮酒，秦王令赵王弹瑟！"

这不是埋汰人吗？赵惠文王气得七窍生烟，却又不敢发作。

就在这时，蔺相如站了出来，并对秦昭王说："赵王听说秦王擅长击缶（fǒu），请秦王击缶，以便互相娱乐！"

秦昭王哪里肯干？

蔺相如怒目圆睁地对秦昭王说："我们的距离不出五步，如果秦王不肯，我蔺相如将把脖子里的血溅在大王身上！"

秦昭王虽然很不情愿，却也象征性地敲击了一下。

蔺相如立刻命赵国史官写下："某年某月某日，秦王为赵王击缶。"

见秦王受辱，秦国大臣怒不可遏地对赵惠文王说："请用赵国的十五座城池向秦王献礼！"

蔺相如不甘示弱，对秦昭王说："请用秦国的都城咸阳向赵王献礼！"

就这样，你来我往，谁也没有占到便宜。

回国后，赵惠文王让蔺相如做了比廉颇的官还要大的上卿。

这下，廉颇不高兴了，并抱怨说："我是将军，有攻城略地的功劳，而蔺相如只不过靠耍嘴皮子立了点功，凭什么比我的官还大？"此外，他还扬言："如果让我遇到蔺相如，我一定要狠

狠羞辱他一顿！"

这话传到蔺相如的耳中后，没想到天不怕地不怕的蔺相如，却处处躲着廉颇。

有一次，蔺相如乘车外出，远远地看到廉颇，就像老鼠见了猫一样掉头就跑。

门客们很不高兴，便对蔺相如说："我们离开亲人来侍奉您，就是因为仰慕您高尚的品德。如今您比廉颇的官位还高，却怕他怕得要死，这也太过分了吧？我们感觉太丢人了，请允许我们离开您！"

蔺相如问他们："你们认为廉颇将军与秦王相比，谁更厉害？"

他们异口同声地回答："当然是秦王更厉害！"

　　蔺相如解释说："以秦王的威势，我尚且敢在大庭广众之下呵斥他，羞辱他的大臣，我蔺相如虽然无能，难道会怕廉颇将军吗？秦国之所以不敢攻打赵国，就是因为有我和廉颇将军在啊！如果我们二人不和，对赵国来说就是一场灾难。我之所以如此忍让，都是为了赵国！"

　　听完蔺相如的一番解释后，门客们更加钦佩蔺相如了。

　　当廉颇听到蔺相如的这番话后，感到十分惭愧，于是袒露上身，背着荆条，亲自上门向蔺相如道歉。两人从此成了好朋友。

作者说 超有料

　　蔺相如不但机智勇敢，而且有大局观。如果他想跟廉颇一较高下，廉颇未必是他的对手。但不管谁输谁赢，对赵国而言，都是一种莫大的损失。好在蔺相如不在乎个人荣辱，处处让着廉颇，才感动廉颇，使得廉颇负荆请罪。两人也算是不打不相识，最终成为刎颈之交。

yuǎn jiāo jìn gōng

远交近攻

一个蚕食六国的妙计

远交近攻，出现在我编订的《战国策·秦策三》："王不如远交而近攻，得寸则王之寸，得尺亦王之尺也。"

远交近攻，讲的是魏国人范雎（jū）帮助秦昭王逐步蚕食六国的故事。张仪的连横之策只破坏六国联盟，而范雎的远交近攻之策不但破坏了六国联盟，还加快了秦国兼并六国的步伐，对秦国统一天下意义非凡。

西汉 刘向

释　义	结交远方的国家，进攻邻近的国家。这本是战国时期范雎向秦国提出的一种外交策略。后也指待人处事的一种手段。
近义词	拉帮结派、纵横捭阖
例　句	总之，这时群雄蜂起，各自称霸称王，互不相属，远交近攻，以大吞小，闹得一团乌烟瘴气。（唐德刚《李宗仁回忆录》）

魏国中大夫须贾手下有一个能说会道的人，名叫范雎。

有一次，须贾到齐国办事，并带着范雎前往。然而，两人在齐国一连待了好几个月，却一直没有收到齐国的回音。

其间，齐王听说范雎能言善辩，便派人给他送去十两黄金以及一些牛和酒，范雎辞谢不敢接受。

须贾知道后，非常生气，认为一定是范雎出卖了魏国，齐王才会对他这么好，所以一回到魏国，须贾便将此事上报给了魏相魏齐。

魏齐很生气，便派人将范雎毒打一顿，差点将范雎打死。要不是范雎装死，恐怕难逃一劫。

魏齐以为范雎已死，便让人将他的"尸体"用席子裹起来，扔进厕所，还让人轮流往他身上撒尿。

范雎趁魏齐不注意，在看守的帮助下，成功逃走。

随后，范雎隐姓埋名来到秦国，并受到重用。为了帮助秦国吞并六国，范雎向秦昭王献上了远交近攻的策略。

什么叫远交近攻呢？就是结交远方的国家，进攻邻近的国家。如此一来，秦国不但不会四面树敌，攻取一寸土地就是秦国的土地，攻取一尺土地就是秦国的土地。

这种策略对逐步蚕食六国来说是一个绝妙的办法，所以秦昭王当即便采纳了。

在范雎的辅佐下，秦昭王不但攻占了很多土地，还巩固了王权。为了报答范雎，秦昭王让他做了国相。

有一年，魏王听说秦国准备攻打魏国，便派须贾出使秦国。

由于范雎在秦国一直用的是假名字，所以须贾并不知道他还活着，更不知道他已经做了秦相。

当须贾到达秦国后，范雎穿着破烂的衣服去见须贾。

须贾见到范雎后，大吃一惊："原来你还活着啊！"

范雎伤心地说："是啊！"

"你是来秦国游说的吗？"

"我以前得罪了魏相，才流亡到秦国，哪里还敢游说呢？"

"你现在以何谋生？"

"给别人当奴仆！"

须贾见范雎如今混得十分凄惨，便心生怜悯，邀请他一同吃饭，还送给他一件袍子。

席间，须贾问范雎："我听说秦相深得秦王宠爱，什么事都是他说了算。我的事能不能办成，全取决于秦相，你有没有跟秦相熟悉的朋友呢？"

范雎心中暗笑，嘴上却说："我的主人跟他很熟，我也能见到他，让我把您引荐给秦相吧！"

须贾不相信范雎能见到秦相，便不以为然地说："我的马病了，车轴也断了，不是四匹马拉的大车，我是坚决不出门的！"

范雎哈哈大笑起来，并说："我愿意替您向我的主人借来一辆大车！"

不一会儿，范雎便叫来一辆大车，然后亲自给须贾当车夫，将须贾带进了相府。

相府里的仆人看到范雎驾着车回来，纷纷避开。须贾感到十分奇怪。

等到达秦相内宅门口时，范雎停下马车，对须贾说："您先在此等候片刻，我进去替您通报一声！"随后，转身离开。

须贾左等右等，始终不见范雎出来。于是，他问看门的人："范雎怎么还不出来？"

看门的人回答："我们这里没有叫范雎的人！"

"就是刚才带我进来的那个人！"

"噢，那个人啊，他就是我们的国相！"

听罢，须贾吓得一屁股跌坐在地上。等回过神来，他连忙脱去上衣，跪在地上，恳请看门人代自己向范雎请罪。

范雎本想杀掉须贾，但看在他送了自己一件袍子的分上，便

饶他一命，然后将他赶出秦国。

　　离开前，范雎还让须贾带话给魏王，说："回去告诉魏王，赶紧把魏齐的人头给我送来！如若不然，我就踏平大梁城！"

　　魏齐得到消息，害怕被杀，连夜逃出了魏国。不过，后来由于没人敢收留他，他只好自杀了。

作者说 超有料

　　商鞅推行变法，使秦国走向强大。张仪实施连横之策，使六国犹如一盘散沙。范雎的远交近攻策略，则加快了秦国吞并六国的步伐。秦国一统天下只是时间问题。

奇货可居

qí huò kě jū

一次获利颇丰的风险投资

奇货可居，出现在我的《史记·吕不韦列传》："吕不韦贾邯郸，见而怜之，曰：'此奇货可居也。'"

奇货可居，讲的是大商人吕不韦帮助子楚谋取秦王王位的故事。吕不韦虽为商人，却极富政治头脑，通过一番运作，将寂寂无闻的子楚推上了王位。

西汉 司马迁

释　义	把稀有的货物储存起来，等待高价卖出去。常比喻把有某种价值的人或物作为资本，借以牟利。
近义词	囤积居奇、待价而沽、投机倒把
反义词	生财有道
例　句	宣宗听说苏州地面出产上等蟋蟀，遂密诏苏州知府况钟捕捉一千头贡至京师。一时间，苏州蟋蟀奇货可居。（熊召政《张居正》）

　　战国末年，卫国有一位身家千金的大商人，名叫吕不韦，特别擅长做风险投资。

　　有一年，吕不韦到赵国做生意，无意间遇到在赵国都城邯郸做人质的子楚，十分可怜他，说："子楚就像一件稀有的货物，囤积起来可以等到高价卖出！"

　　于是，他对子楚说："我能光大你的门庭！"他的言外之意是，我能帮助你成为秦王。

　　子楚是秦国太子安国君的儿子。安国君有二十多个儿子，子楚排行居中，舅舅不疼，姥姥不爱，所以秦国才将他送到赵国做人质。子楚也知道自己在秦国不受宠，因此不敢奢望做秦王，更不相信一个地位低贱的商人能帮他夺取王位。

　　子楚讥讽道："你还是先光大自己的门庭，再来光大我的门庭吧！"

吕不韦咧嘴一笑："我的门庭要等你的门庭光大之后才能光大！"

子楚见他话中有话，突然来了兴致，并对他说："如果你能光大我的门庭，我愿与你共享秦国！"

两人一拍即合。随后，吕不韦拿出五百金送给子楚，让他结交英雄豪杰，然后又拿出五百金购买奇珍异宝，亲自前往秦国游说安国君最宠爱的华阳夫人。

吕不韦托华阳夫人的姐姐将奇珍异宝献给华阳夫人，并劝华阳夫人说："靠美色侍奉别人，一旦年老色衰，就会失宠。虽然安国君现在宠爱你，但等你变老变丑了，要怎么办呢？更何况你没有儿子，等你老了，要依靠谁呢？子楚贤能，却不受宠，愿意依附夫人，如果夫人能让他做继承人，即便哪天安国君不在了，夫人依然能一辈子在秦国享受尊崇！"

华阳夫人认为吕不韦说的很有道理，立刻劝安国君立子楚为继承人。

安国君对华阳夫人百依百顺，当即便答应了。这意味着子楚迟早有一天会成为秦王。

有一天，子楚跟吕不韦一起喝酒，见吕不韦的宠姬赵姬长得十分漂亮，便恳求吕不韦将赵姬送给他。

吕不韦十分生气，但转念一想，自己已经为子楚倾家荡产，也不在乎再送给他一个女人，便将赵姬送给了他。

后来，子楚顺利继承了王位，史称秦庄襄王。子楚为报答吕

不韦，让他做了秦相。

后来，赵姬生下一个男孩。这个男孩在十三岁时继承了王位，他就是秦王嬴（yíng）政，也就是未来一统天下的秦始皇。

作者说 超有料

有人怀疑秦始皇不是子楚的儿子，而是吕不韦的儿子，因为《史记》中记载，吕不韦将赵姬送给子楚时，赵姬已经怀上了孩子。吕不韦为了让自己的儿子做秦王，所以才向子楚隐瞒了赵姬怀孕的事。但这事可信吗？不太可信。原因主要有两个：一、扰乱王室血统是要灭族的。吕不韦是个商人，只想大富大贵，他敢拿全族的性命去冒险吗？再说了，在古代又没法鉴定腹中胎儿是男是女，如果赵姬怀上的是女孩，岂不是要功亏一篑，还要承担灭族的风险？二、据《史记》记载，秦始皇是"至大期时"所生。所谓"大期"是指十个月，也有人说是十二个月。人都是十月怀胎，如果赵姬早已怀孕，怎么可能再过十个月或十二个月才生出秦始皇呢？

图穷匕见

tú qióng bǐ xiàn

一场惊心动魄的刺杀

图穷匕见，出现在我编订的《战国策·燕策三》："轲既取图奉之。发图，图穷而匕首见。"

图穷匕见，讲的是荆轲刺秦王的故事。此番行刺，不管成功与否，荆轲都不可能活着走出秦国。尽管如此，他还是义无反顾地去了。

西汉 刘向

释　义　借指事情发展到了最后，终于露出真相或本意。

近义词　原形毕露、东窗事发、暴露无遗

反义词　扑朔迷离、不露声色、掩人耳目

例　句　"哪里是为这个！"刘锜连连摇头，轻松地笑起来，"俺原先猜的也是为此。哪知官家传见后，东问西问，绕了好大的一个圈儿，后来图穷匕见，道出了本意，原来是要俺陪同兄弟到镇安坊李师师家里去走一遭。"

（徐兴业《金瓯（ōu）缺》）

秦王嬴政是一个野心勃勃的人，他一掌权，便派兵攻打六国，企图吞并六国。

在灭掉韩国、赵国之后，嬴政准备派兵攻打燕国。燕王与太子丹担心亡国，整天忧心忡忡。

思来想去，太子丹决定寻找刺客刺杀嬴政。于是，他找到了一个名叫荆轲的人。

为了协助荆轲，太子丹还给荆轲找了一位助手，名叫秦舞阳。秦舞阳非常凶狠，十三岁就杀过人，别人见了他都感到害怕。

为了避免嬴政起疑，荆轲还打算送给嬴政两份大礼：一份是嬴政最想得到的秦国叛将樊於（wū）期（jī）的人头，另一份是

燕国督亢的地图，也就是说打算将督亢割让给秦国。

等一切准备好之后，荆轲与秦舞阳便上路了。

嬴政听说燕国使者给他带了两份大礼，喜出望外，准备在大殿中接见燕国使者。

荆轲捧着樊於期的人头，秦舞阳捧着地图，一前一后走进大殿。

刚走到台阶下，秦舞阳吓得脸色苍白，瑟瑟发抖。

秦国群臣对此都感到十分奇怪。

荆轲担心事情败露，连忙向嬴政和秦国大臣解释说："这是个乡巴佬，没见过天子的威仪，所以才吓成这样。恳请大王宽恕他，让他完成使命！"

听罢，嬴政和秦国大臣捧腹大笑起来，不再有所猜疑。

随后，嬴政命荆轲递上地图。

荆轲从秦舞阳手中取过地图，献给了嬴政。

嬴政缓缓地展开地图，当地图全部展开时，从中突然露出一把带有剧毒的匕首。

说时迟，那时快，荆轲左手抓住嬴政的衣袖，右手拿起匕首，刺向嬴政胸膛。

嬴政大吃一惊，吓得跳了起来，连衣袖都挣断了。

嬴政吓得四处逃窜，荆轲拿着匕首在后面紧追不舍。

其间，嬴政艰难地拔出随身携带的长剑，砍伤了荆轲。

随后，侍卫们一拥而上，将荆轲、秦舞阳杀死。

嬴政暴跳如雷，立刻发兵攻打燕国，逼得燕王将太子丹的人头献给了秦国。

尽管如此，燕国最终还是被秦国灭了。

当然了，魏国、楚国、齐国跟韩国、赵国、燕国一样，都没能躲过亡国的命运。

嬴政吞并六国后，建立了中国历史上第一个大一统王朝：秦朝。

作者说
超有料

　　太子丹指使荆轲刺杀秦王嬴政，如果行刺成功，真能阻止燕国灭亡吗？事实上，即便嬴政遇刺身亡，秦国只会再立一位秦王，依然无法改变燕国亡国的命运。然而，由于太子丹的鲁莽，反而激怒了嬴政，加速了燕国的灭亡。

5000～4000 年前，黄帝降服炎帝，并斩杀蚩尤。后来，尧、舜、禹先后成为部落联盟首领。【尧天舜日】

约公元前 2070 年，禹建立夏朝。【劳身焦思】
禹死后，儿子夏启即位，并实施世袭制。夏启去世后，儿子太康即位，不久被后羿夺取王位。直到少康夺回王位后，夏朝才得以复国。【民惟邦本】

约公元前 1600 年，商汤灭掉夏朝，建立商朝。【网开一面】

公元前 1075 年，商纣王继承王位。即位后，他荒淫无度，整日与妃子妲己等人逍遥快活。【酒池肉林】
王叔比干劝谏商纣王，却因惹恼商纣王而被杀害。【一窍不通】

公元前 1046 年，周武王在牧野之战中击败商纣王，并推翻商朝，建立周朝，史称西周。【恶贯满盈】

公元前 1043 年，周武王去世。【多才多艺】

公元前 1041 年，周武王的弟弟管叔、蔡叔以及商纣王的儿子武庚造反，被周公平定。

公元前 771 年，周幽王被杀，褒姒被俘，西周灭亡。【无可奈何】

公元前 770 年，周平王迁都洛邑，东周开始，历史也从此进入春秋时期。

公元前 685 年，管仲替公子纠截杀公子小白，却未成功。公子小白即位，史称齐桓公。不久，公子纠被杀。【管鲍之交】

公元前 651 年，春秋首霸齐桓公召集诸侯在葵丘会盟，霸业达到顶峰。【风马牛不相及】

公元前 632 年，晋文公退避三舍，大败楚军，成为霸主。【退避三舍】

公元前 606 年，楚庄王问鼎中原。【一鸣惊人】

公元前 522 年，楚国大臣费无忌诬陷太子、伍奢谋反，致使太子流亡，伍奢与大儿子伍尚被杀，小儿子伍子胥潜逃。

公元前 515 年，吴王阖闾派刺客专诸刺杀吴王僚，并夺取王位。

公元前 506 年，伍子胥、孙武带兵攻破楚国都城。伍子胥鞭打楚平王尸体。【倒行逆施】

公元前 496 年，吴王阖闾攻打越国，不料被射伤，不治身亡。

公元前 494 年，越王勾践被吴军围困在会稽山上。勾践采纳大夫文种的建议，贿赂吴国太宰伯嚭，才免于亡国。

公元前 484 年，伍子胥被吴王夫差赐死。

公元前 476 年，吴王夫差自杀，越王勾践成功灭掉吴国。【卧薪尝胆】不久，范蠡离开越国，文种被勾践赐死。【兔死狗烹】

公元前 453 年，韩、赵、魏三家灭掉智氏，并瓜分晋国。【前事不忘，后事之师】

公元前 403 年，韩、赵、魏三家的领主被周王封为诸侯，韩、赵、魏三家变成三个诸侯国，从此拉开了战国七雄的序幕。

公元前 386 年，齐国大夫田氏夺取了姜子牙后代的国君之位，但国号仍称"齐"，史称"田氏代齐"。

公元前 359 年，秦孝公任用商鞅在秦国推行变法。

公元前 338 年，商鞅被杀，后来又被秦惠文王车裂。【作法自毙】

公元前 310 年，主张连横的纵横家张仪死于魏国。【高枕无忧】

公元前 284 年，主张合纵的纵横家苏秦遇刺身亡。【前倨后恭】

公元前 283 年，蔺相如带着和氏璧出使秦国，又成功将和氏璧带回。【完璧归赵】

公元前 279 年，秦昭王约赵惠文王在渑池相见。同年，蔺相如被任命为上卿，廉颇起初不服，后来又向蔺相如谢罪。【负荆请罪】

公元前 266 年，范雎被任命为秦相。【远交近攻】

公元前 260 年，赵王中秦国反间计，以赵括取代廉颇为将，致使四十多万赵军被坑杀。

公元前 249 年，秦庄襄王子楚即位。【奇货可居】

公元前 247 年，秦庄襄王去世，秦王嬴政继承王位。

公元前 235 年，吕不韦被嬴政赐死。

公元前 230 年，秦国灭掉韩国。

公元前 228 年，秦国灭掉赵国。

公元前227年，燕国太子丹指使荆轲刺杀秦王嬴政。荆轲行刺失败，被杀。【图穷匕见】

公元前225年，秦国灭掉魏国。

公元前223年，秦国灭掉楚国。

公元前222年，秦国灭掉燕国。

公元前221年，秦始皇灭掉齐国，一统天下。